Das *Kloster* KOCHBUCH

REGIONALIA

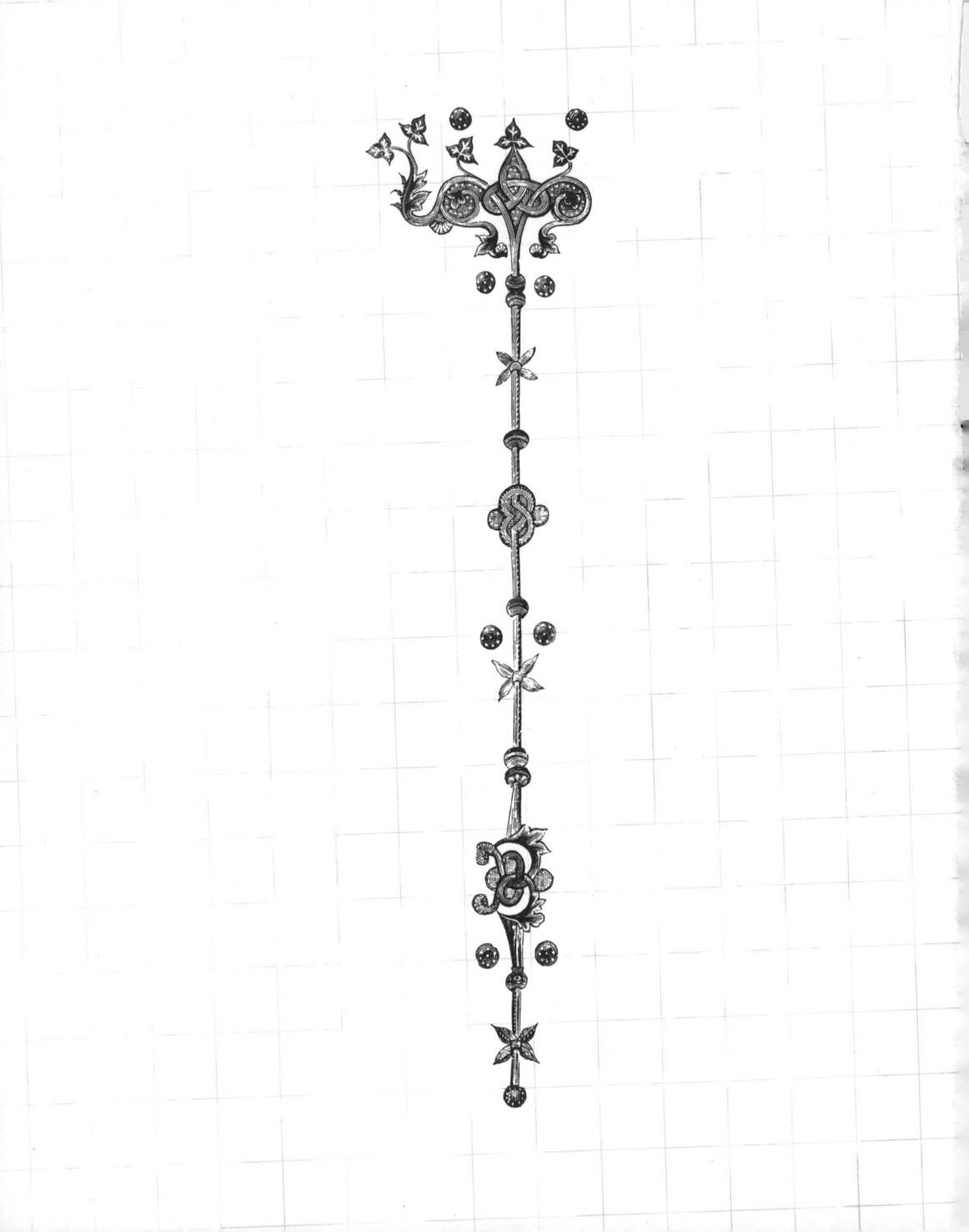

DAS *Kloster* KOCHBUCH

REGIONALIA

4. Auflage
Copyright © by Regionalia Verlag GmbH, Rheinbach
Alle Rechte vorbehalten

Printed in Poland 2014

ISBN 978-3-939722-30-4

www.regionalia-verlag.de

Inhalt

Lukas

Kap. 12, Vers 19

Iss und trink und sei zufrieden.

Das Vorwort

In Klöstern wird nur gefastet? Von wegen, die Klosterküchen bescheren uns himmlische Genüsse. Probieren Sie die köstliche „Kartoffelsuppe" aus dem Kloster St. Marienthal in Ostritz, das „Sauenfilet mit Pfifferlingen" und den feinen „Apfelkuchen" aus der Bendiktinerabtei Gerleve und krönen das Mahl mit einem bekömmlichen Likör, z.B. dem Ettaler Klosterlikör. Heutzutage werden in vielen Klöstern Verköstigungen (Wurst, Schinken, Gebäck, Weine, Liköre, Biere und vieles mehr) angeboten. Entdecken Sie die Köstlichkeiten hinter den mitlerweile oft geöffneten Klostermauern.

Ursprünglich entwickelte sich die Klosterküche in einer entbehrungsreichen Zeit, in der die Menschen körperlich schwer arbeiten mussten. Das Feld wurde mit einfachsten Mitteln selbst bestellt und die Nahrung war fleischarm, dafür aber fetthaltig und deftig. So kam auf den Tisch, was die umgebende Natur und die Jahreszeiten zu bieten hatten.

Die Lebensbedingungen im Kloster waren vormals äußerst hart. Meist waren alle Räume aus Stein und bis auf die Wärmstube und die Küche unbeheizt. Das Leben der Nonnen und Mönche unterschied sich stark von unserer heutigen Lebensweise. In vielen Klöstern wurden (und je nach Ordenszugehörigkeit werden immer noch) die Mahlzeiten schweigend eingenommen. Ein Mönch, der das Schweigen brach, konnte mit einer harten Bestrafung rechnen.

Im Mittelalter war es nicht unüblich, dass Eltern ihre Kinder für ein Klosterleben bestimmten. Ein wesentlicher Grund dafür war, dass das Leben im Kloster nicht nur eine theologische Ausbildung, sondern vor allem eine materielle Versorgung sicherte. Die „Schulzeit" war allerdings sehr streng und nicht selten wurde mit körperlicher Züchtigung gestraft. Eine besondere Arbeit für die Mönche und deren Schüler war das Abschreiben alter Handschriften. Dieser zeitaufwändigen und mühseligen Arbeit verdanken wir heute viele Informationen aus vergangener Zeit.

In Klostergärten wurden (und werden heute noch) Gemüse und Kräuter für die Selbstversorgung der Mönche und Nonnen eigenhändig angelegt. In diesen Gärten wuchsen viele Heilpflanzen heran, die die Klosterangehörigen gegen die unterschiedlichsten Beschwerden einsetzten. In frühen Zeiten suchten daher die Menschen bei Krankheiten oft die Heilkundigen der Klöster auf, denn hier war ihnen Hilfe gewiss. Die Gartenkunde wurde bereits im frühen Mittelalter in den Klöstern kultiviert, damit eine Eigenversorgung mit den wichtigsten Vitaminen und Mineralstoffen gewährleistet war. Auch Bier wurde selbst gebraut und hatte auf Grund seines hohen Kaloriengehalts einen wichtigen Platz in der Ernährung. Aus recht minderwertigem Getreide konnte man noch ein halbwegs genießbares Bier herstellen. So waren die Mahlzeiten hinter den Klostermauern nicht immer spartanisch. Manche Abtei wusste ihren Mönchen zu deren oft fülligen Statur zu verhelfen.

In der heutigen Zeit achten viele Menschen auf ihr Gewicht und kochen kalorienarm und gesund. Es wird vermehrt auf Bio-Erzeugnisse und auf vitaminreiche Zutaten geachtet. Zu viel Fett und Zucker werden im Hinblick auf die Gesundheit vermieden. Das „Essen" nimmt im stressigen Alltagsleben einen ganz anderen Stellenwert ein. Bewusstes Einkaufen von Lebensmitteln und die Verarbeitung von gesunden und frischen Produkten kann kreativ und sehr entspannend sein. Zudem bereitet es durchaus Genugtuung, der Familie oder Freunden eine leckere Mahlzeit zu kochen und sich danach über das Lob zu freuen.

Die Rezepte in diesem Buch sind der heutigen Ernährungsweise angepasst. Die Zutaten sollten immer frisch sein, denn ein Essen ist nur so gut wie seine Ingredienzen. „Die Klosterküche" bietet eine Vielzahl gesunder und schmackhafter Rezepte.

Auf den folgenden Seiten finden Sie Kochanleitungen, die einfach nachzuvollziehen sind. Rezepte wie Bärlauchsuppe, Heubraten, Gemüsetorte, Bohneneintopf und Klosterkuchen laden zum Nachkochen ein. Verwöhnen Sie sich und Ihre Lieben mit der „neuen" Klosterküche.

Wir wünschen Ihnen viel Spaß beim Kochen und Speisen.

10

Matthäus

Kap. 15, Vers 11

Was zum Munde eingeht,
das verunreinigt den Menschen nicht;
sondern was zum Munde ausgeht,
das verunreinigt den Menschen.

Die Vorgerichte & kleinen Mahlzeiten

Bärlauchsuppe

Für 4 Personen
Zubereitungszeit:
10 Minuten
Kochzeit: 5 Minuten

Einkaufsliste
100 g Bärlauch
1 Schalotte
1 EL Butterschmalz
250 ml Gemüsefond
200 ml Sahne
Salz
Pfeffer
Muskatnuss (gemahlen)

1.

Die Bärlauchblätter waschen, abtropfen lassen und fein hacken. Die Schalotte schälen und in kleine Würfel schneiden.

2.

In einem Topf das Butterschmalz erhitzen und die Schalottenwürfel darin glasig dünsten. Mit dem Gemüsefond ablöschen und aufkochen lassen. Die Sahne zugießen und alles noch einmal kurz aufkochen lassen. Den Topf von der Herdplatte ziehen und den gehackten Bärlauch (ein Esslöffel beiseite stellen) dazu geben und mit dem Stabmixer mixen.

3.

Die aufgeschäumte Suppe mit Salz, Pfeffer und Muskatnuss abschmecken. In Suppentassen füllen, mit den beiseite gestellten Blättern garnieren und mit frischem Brot servieren.

Tipp:
Bärlauch darf nicht gekocht werden. Er verliert durch hohe Temperaturen wertvolle Geschmacksstoffe und büßt seinen hohen Vitamin-C-Gehalt ein.

14

Eiersalat

1.

Die Eier wie gewohnt hart kochen. Mit kaltem Wasser abschrecken und von der Eierschale befreien.

2.

Die Eier in kleine Stücke schneiden und in einer Schüssel mit Salz, Pfeffer und Zucker würzen. Die Mayonnaise mit Senf und Sahne verrühren und mit den Eiern vermischen. Den Salat für etwa zwei Stunden im Kühlschrank ziehen lassen.

3.

Den Eiersalat abschmecken und ggf. nachwürzen. Vor dem Servieren in eine Servierschüssel umfüllen und mit dem Schnittlauch garniert zu Tisch bringen. Dazu frisches Brot reichen.

Für 4 Personen
Zubereitungszeit:
20 Minuten (ohne Wartezeit)
Kochzeit: 10 Minuten

Einkaufsliste
8 Eier
Salz
Pfeffer
1 Prise Zucker
200 g Mayonnaise
1 Msp. scharfer Senf
1 EL Sahne
1 EL Schnittlauch-
röllchen

Kräuterrührei

Für 4 Personen
Zubereitungszeit:
10 Minuten
Kochzeit: 5 Minuten

Einkaufsliste
125 g Kräuter (nach
Belieben, z.B.:
Sauerampfer,
Zitronenmelisse,
Schnittlauch, Petersilie,
Estragon, Kerbel,
Thymian, Basilikum)
1 Zwiebel
8 Eier
2 EL Sahne
Salz
Pfeffer
100 g geriebener Käse
2 EL Butter

1.

Die Kräuter gründlich waschen, trocken schütteln und fein schneiden.

2.

Die Eier in einer Schüssel aufschlagen und mit der Sahne gut verquirlen. Mit Salz, Pfeffer und mit der Hälfte des Käses vermengen. Die klein geschnittenen Kräuter unterrühren.

3.

Die Butter in einer Pfanne erhitzen und die Zwiebel darin goldgelb anrösten.
Die Eiermasse einfüllen und bei schwacher Hitze langsam stocken lassen. Hin und wieder verrühren.

4.

Kurz vor dem Ende der Garzeit restlichen Käse darüber geben und etwas schmelzen lassen. Das Kräuterrührei auf Tellern portionieren und mit einem grünen Salat und frischem Brot servieren.

Pilzomelette

1.

Die Pilze verlesen, putzen und in feine Scheiben schneiden.
Die Haferflocken in der Milch einweichen und quellen lassen.

2.

Die Eier in einer Schüssel aufschlagen, mit den Haferflocken verquirlen und mit Salz und Pfeffer gut würzen.

3.

In einer Pfanne das Butterschmalz erhitzen und die Pilze darin
anbraten. Mit Salz und Pfeffer würzen und mit der Eiermasse
begießen. Bei kleiner Hitze langsam stocken lassen.

4.

Das Pilzomelette auf Tellern portionieren und mit den
Schnittlauchröllchen garniert servieren.

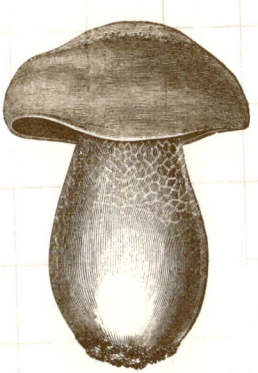

Für 4 Personen
Zubereitungszeit:
10 Minuten
Kochzeit: 5 Minuten

Einkaufsliste
200 g Champignons
30 g Haferflocken
100 ml Milch
8 Eier
Salz
Pfeffer
1 EL Butterschmalz
1 EL Schnittlauch-
röllchen

Tipp:
Sie können anstelle von
Champignons auch
Pilze Ihrer Wahl, je
nach Saison frische
Pfifferlinge, Steinpilze,
Austernpilze etc. ver-
wenden.

17

Wildkräutersalat mit frischen Erdbeeren

Für 4 Personen
Zubereitungszeit:
20 Minuten

Einkaufsliste
400 g Wildkräuter (z.B.
Löwenzahn,
Spitzwegerich,
Taubnessel, Schafgabe,
Bärlauch etc.)
200 g Erdbeeren
Für das Dressing:
1 Schalotte (in kleine
Würfel geschnitten)
100 ml Apfelsaft
(naturtrüb)
1 EL Honig
Saft einer Zitrone
20 g Senf
2 EL Öl
Salz
Pfeffer
50 g Parmesan
(gehobelt)

1.

Die Kräuter verlesen, waschen, putzen und gut trocken schütteln. Die Erdbeeren waschen, gut abtropfen lassen, von dem grünen Stielansatz befreien und in Scheiben schneiden.

2.

Die Zutaten für das Dressing miteinander verrühren und mit den Kräutern in einer Schüssel vermischen. Die Erdbeeren dazugeben und leicht unterrühren.

3.

Den Salat auf Tellern anrichten und mit dem gehobelten Parmesan garniert servieren. Der Wildkräutersalat mit frischen Erdbeeren schmeckt zu kurz gebratenen Fleischgerichten.

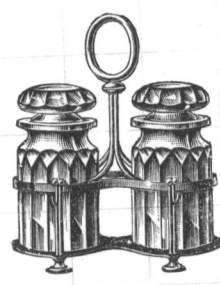

Maulbronner Maultaschen

1.

Den Spinat im Salzwasser zusammenfallen lassen, mit der Schaumkelle abschöpfen und gut ausdrücken. Die Petersilie hacken.

2.

Aus dem Mehl, 5 Eiern, Salz und 5 Esslöffel kaltem Wasser einen geschmeidigen Nudelteig kneten. Den Nudelteig auf der bemehlten Arbeitsfläche dünn ausrollen.

3.

Rinderhackfleisch und Kalbsbrät in eine Schüssel füllen. Den Spinat grob hacken und zum Fleisch geben. Petersilie, drei Eier, Pfeffer und Muskatnuss hinzufügen und alles gut miteinander vermischen.

4

Aus dem Teig 10 × 10 cm große Quadrate ausrädeln. Auf jedes Quadrat so viel Füllung geben, dass sie sich noch schließen lassen. Die Teigränder mit Eiweiß bepinseln. Die Quadrate zusammenklappen und die Ränder mit Hilfe einer Gabel zusammendrücken.

Für 6–8 Personen
Zubereitungszeit:
60 Minuten
Kochzeit:
10–12 Minuten

Einkaufsliste
Für den Nudelteig:
400 g Weizenmehl
5 Eier
Salz
Für die Füllung:
300 g frischer Spinat
1 Bund Petersilie
250 g Rinderhackfleisch
200 g Kalbsbrät
3 Eier
Weißer Pfeffer aus der Mühle
Frisch geriebene Muskatnuss
1 Eiweiß
1 L Gemüsebrühe

Maulbronner Maultaschen

Info:

Der Legende nach
erfanden die Mönche
des Klosters Maulbronn
die Maultaschen in der
Fastenzeit, in der
Fleisch nicht verzehrt
werden durfte.
Die Mönche zerhackten
ein Fleischstück,
tarnten es in einer
Mischung mit Kräutern
und Gemüse und ver-
steckten es zusätzlich
in einem Nudelteig.

5

Die Gemüsebrühe erhitzen und die Maultaschen darin zum Garen
10–12 Minuten ziehen lassen.

6.

Verteilen Sie die Maultaschen auf Suppenteller, gießen
Gemüsebrühe an und streuen Sie Petersilieblättchen darüber.

Kelterei im Kloster

Altes Testament,
Kap. 9, Vers 7

So gehe hin und iss dein Brot mit Freuden,
trink deinen Wein mit gutem Mut;
denn dein Werk gefällt Gott.

Die Fischgerichte –
aus
Fluss und Teich

Aal grün

Für 4 Personen
Zubereitungszeit:
20 Minuten
Kochzeit: 40 Minuten

1.

Den Fisch unter fließendem Wasser waschen, trocken tupfen und in etwa 5 cm lange Stücke schneiden. Das Suppengrün und die Zwiebel putzen, schälen, grob in Stücke schneiden und waschen.

2.

In einem Topf etwa ein Liter Wasser mit dem Essig zum Kochen bringen. Das Gemüse, Lorbeerblatt und Pfefferkörner dazugeben. Alles etwa 20 Minuten kräftig kochen lassen.

Tipp:
Der Aal hat ein beson-
ders fettreiches Fleisch.
Das Blut des Aals ent-
hält ein Gift, welches
allerdings beim Kochen,
Braten oder Räuchern
neutralisiert wird.
Aalblut sollte deshalb
nicht mit Augen oder
Schleimhäuten in
Berührung kommen.

3.

Die Hitze reduzieren, den Fisch dazugeben und salzen. Den Aal 20 Minuten bei geringer Hitze eher ziehen als köcheln lassen.

4.

Den Aal aus dem Sud heben und abgedeckt warm stellen. Den Fischsud durch ein Sieb gießen und auffangen. Das Gemüse wird nicht weiter benötigt.

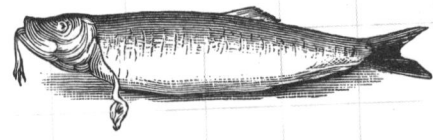

Aal grün

5.

Die Butter in einem Topf erhitzen und mit dem Mehl über-
streuen. Mit einem Schneebesen nach und nach den Sud
einrühren bis die gewünschte Soßenmenge bzw. Konsistenz
erreicht ist. Kurz aufkochen lassen.

6.

Das Eigelb mit der Sahne verquirlen. Den Topf von der Herdplatte
ziehen und die Soße mit der Eimischung legieren, mit Salz
abschmecken und mit Pfeffer würzen. Den Dill, bis auf eine
kleine Menge für die Garnierung, in die Soße geben und unterziehen.

7.

Den Aal auf einer Fischplatte anrichten und mit etwas Soße
begießen. Mit den restlichen Dillspitzen garnieren.
Die übrige Soße separat mit Salzkartoffeln und grünem Salat
reichen.

Einkaufsliste
1 kg frischer Aal
(küchenfertig, gehäutet
und von den Innereien
befreit)
1 Bund Suppengrün
(Möhre, Lauch, Sellerie)
1 Zwiebel
125 ml Weißweinessig
1 Lorbeerblatt
1 TL Pfefferkörner
Salz
2 EL Butter
1 EL Mehl
1 Eigelb
100 ml Sahne
1 EL frische Dillspitzen
Pfeffer

Forelle mit roten Rüben

Für 4 Personen
Zubereitungszeit:
30 Minuten
Kochzeit:
60 Minuten (rote Bete)
8 Minuten (Fisch)

Einkaufsliste
3 mittelgroße
rote Bete
1 Kopfsalat
Salz
4 Forellen (je 250 g)
Salz
Pfeffer
Saft einer halben
Zitrone
6 EL Mehl
2 EL Butterschmalz
2 EL Butter

1.

Die roten Beten unter fließendem Wasser waschen.
Den Kopfsalat vom Strunk befreien. Die Salatblätter gründlich
waschen und in einem Sieb abtropfen lassen, ggf. klein
schneiden.

2.

In einem Topf Salzwasser zum Kochen bringen und die rote Bete
darin in etwa 60 Minuten gar kochen lassen. Die Knollen aus
dem Wasser heben, kalt abschrecken, häuten und erkalten lassen.
Die rote Bete in Streifen schneiden.

3.

Zwischenzeitlich den Fisch gründlich waschen und trocken
tupfen. Mit Salz und Pfeffer einreiben und mit Zitronensaft

Forelle mit roten Rüben

beträufeln. Die Fische in Mehl wenden und in einer Pfanne mit heißem Butterschmalz von beiden Seiten in etwa acht Minuten fertig braten. In einem kleinen Topf die Butter bräunen.

4.

Währenddessen die Zutaten für das Dressing in einer Schüssel miteinander vermengen. Den Blattsalat mit dem Dressing vermischen und auf Tellern anrichten. Die roten Bete-Stifte auf dem Salat verteilen und mit etwas Petersilie bestreuen. Die Forellen auf einer Fischplatte anrichten, mit gebräunter Butter begießen und der restlichen Petersilie garniert servieren.

Für das Salatdressing:
200 g saure Sahne
1 EL Essig
2 EL Sonnenblumenöl
1 EL mittelscharfer Senf
Salz
Pfeffer
2 EL Schnittlauchröllchen
1 EL gehackte Petersilie zur Garnierung

Tipp:
Bei der Vorbereitung der roten Bete sollten Sie darauf achten, dass die Schale nicht verletzt wird. Die Beten „bluten" beim Kochen sonst aus und verlieren ihre schöne rote Färbung.

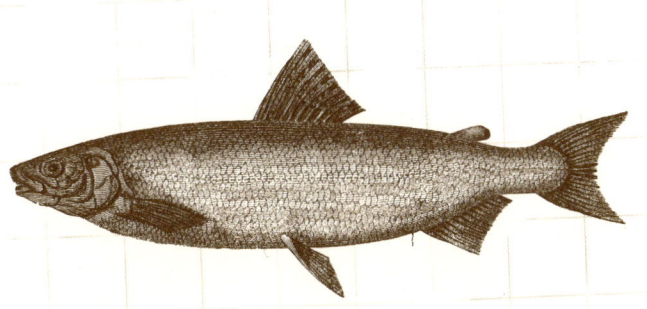

Grüne Heringe

Für 4 Personen
Zubereitungszeit:
10 Minuten
Kochzeit: 5 Minuten

Einkaufsliste
8 grüne Heringe
(küchenfertig)
Saft einer halben
Zitrone
Salz
5 EL Mehl
Öl zum Braten
60 g Butter
3 EL gehackte Petersilie

1.

Die Fische gründlich waschen und gut trocken tupfen. Auf einem Teller auslegen und mit Zitronensaft beträufelt 10 Minuten ziehen lassen.

2.

Die Heringe von innen und außen salzen und in dem Mehl wenden.

3.

In einer großen Pfanne das Öl erhitzen und die Heringe darin insgesamt etwa fünf Minuten von beiden Seiten braten. In einem Topf die Butter bräunen.

4.

Jeweils zwei Heringe auf einem Teller anrichten, mit der gebräunten Butter begießen und mit der Petersilie bestreut servieren. Dazu einen grünen Salat reichen.

Tipp:
Hering ist besonders eiweißreich. Nur frischer Hering wird als „Grüner Hering" bezeichnet.

Kabeljau-Pfanne

1.

Den Fisch waschen, trocken tupfen, salzen, pfeffern und mit
Zitronensaft beträufeln. Die Zwiebeln schälen und in kleine
Würfel schneiden. Paprikaschoten waschen, entkernen und in
feine Streifen schneiden. Die Champignons putzen, die Stiel-
enden abschneiden und in feine Scheiben schneiden. Den
Backofen auf 200 °C vorheizen.

2.

Die Filets in heißem Butterschmalz kurz anbraten und in eine
feuerfeste, flache Form legen. Die Zwiebel- und Paprikastücke in
ausgelassenem Butterschmalz fünf Minuten dünsten.

3.

Die Sahne dazugeben und mit Paprikapulver würzen. Die
Mischung über die Filets gießen, die Champignons dazugeben
und im Backofen noch 15–20 Minuten bei geöffnetem Deckel
schmoren.

Reichen Sie zu dem Kabeljau-Topf Reis und Weißwein.

Für 4 Personen
Zubereitungszeit:
20 Minuten
Brat-& Backzeit:
25 Minuten

Einkaufsliste
4 Kabeljaufilets
(je 300 g)
Salz
Weißer Pfeffer aus der
Mühle
Zitronensaft
3 Zwiebeln
2 Paprikaschoten
500 g Champignons
3 EL Butterschmalz
250 ml saure Sahne
1 TL edelsüßes
Paprikapulver

Hechtklößchen auf Sahnekartoffeln

Für 4 Personen
Zubereitungszeit:
35 Minuten (ohne
Wartezeit)
Kochzeit: 25 Minuten

1.

Den Fisch waschen, trocken tupfen, in Stücke schneiden und im Mixer fein pürieren. Das Fischpüree für 30 Minuten im Tiefkühlfach kühlen lassen.

2.

Die Zwiebel schälen und in feine Würfel schneiden. Die Eiweiße mit einer Prise Salz zu festem Eischnee schlagen und zusammen mit Zwiebel und Petersilie unter die Fischmasse ziehen. Dann die Crème fraîche einrühren und mit Salz und Pfeffer würzen. Wieder kühl stellen.

3.

Zwischenzeitlich die Kartoffeln schälen, waschen und in nicht zu kleine (3x3cm) Stücke schneiden. In einem Topf die Butter erhitzen und die Kartoffeln in der Butter leicht anrösten. Mit der Sahne abgießen und bei mittlerer Hitze etwa 25 Minuten köcheln lassen. Mit Salz und Pfeffer würzen.

Tipp:
Der Hecht kann ein Gewicht von bis zu 35 kg erreichen. Am besten und zartesten schmeckt das Fleisch, wenn der Fisch etwa 2 kg wiegt. Das Rezept können Sie auch mit anderen Fischsorten zubereiten.

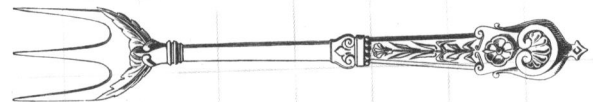

Hechtklößchen auf Sahnekartoffeln

4.

Zeitgleich in einem zweiten Topf Fischfond und Wein aufkochen. Mit einem Esslöffel kleine Portionen von der Fischmasse abstechen und längliche Hechtklößchen formen. Im heißen, aber nicht kochenden Fischfond 10 bis 12 Minuten garen lassen.

Die Sahnekartoffeln auf Tellern portionieren, mit den Hechtklößchen belegen und der Petersilie bestreut servieren. Dazu einen gut gekühlten trockenen Weißwein reichen.

Einkaufsliste
500 g Hecht (Filet)
1 Zwiebel
3 Eiweiße
1 EL gehackte Petersilie
500 g Crème fraîche
Salz
Pfeffer
¼ L Fischfond
¼ L trockener Weißwein
Für die Sahnekartoffeln:
350 g Kartoffeln
30 g Butter
2 Becher Schlagsahne
Salz
Pfeffer
1 EL gehackte Petersilie

Karpfen blau

Für 4 Personen
Zubereitungszeit:
40 Minuten
Kochzeit: 25 Minuten

Einkaufsliste
2 Zwiebeln
2 Bund Dill
50 g Salz
2 Lorbeerblätter
1 TL Senfkörner
150 ml Weißwein
Saft einer ½ Zitrone
1 Karpfen
(etwa 2-2 ½ kg,
küchenfertig)
500 ml Essig
100 g Butter
Dillspitzen

1.

Die Zwiebeln schälen und vierteln. Den Dill waschen, gut trocken schütteln und fein hacken. Die Zwiebelviertel mit Dill, Salz, Lorbeerblättern, Senfkörnern, Weißwein, Zitronensaft und drei Liter Wasser aufkochen und etwa 30 Minuten zu einem Sud kochen.

2.

Den Karpfen waschen, trocken tupfen und von innen salzen. Den Essig mit etwa 500 ml Wasser aufkochen und den Karpfen mit der kochenden Flüssigkeit begießen (blau machen).

3.

Den Sud durch ein Sieb in einen ausreichend großen Topf gießen und den Fisch hineinlegen. Bei mittlerer Hitze etwa 25 Minuten garen lassen. Nicht kochen!

4.

In einem kleinen Topf die Butter bräunen lassen. Den Karpfen auf eine große Fischplatte legen, mit der gebräunten Butter begießen und den Dillspitzen garniert servieren.
Dazu Salzkartoffeln und einen grünen Salat reichen.

Matjes mit grünen Bohnen

1.

Den Fisch unter fließendem Wasser waschen, trocken tupfen und kühl stellen. Die Kartoffeln und die Bohnen waschen. Das Gemüse putzen und die Fäden abziehen. Das Bohnenkraut waschen und abtropfen lassen.

2.

Die Kartoffeln wie gewohnt in der Schale zu Pellkartoffeln gar kochen. Zeitgleich die Bohnen mit dem Bohnenkraut in einem Topf mit etwas Wasser bissfest gar kochen.

3.

Den Speck in kleine Würfel schneiden. Die Zwiebel schälen und ebenfalls in kleine Würfel schneiden. In einer Pfanne den Speck auslassen, die Zwiebel dazugeben und anrösten.

4.

Die Kartoffeln abgießen, abschrecken und pellen. Die Bohnen mit Salz und Pfeffer würzen und aus der Flüssigkeit heben. Die grünen Bohnen auf Tellern portionieren mit den Matjes belegen, die Speck- und Zwiebelwürfel auf dem Fisch verteilen und mit den Kartoffeln separat zu Tisch bringen.

Für 4 Personen
Zubereitungszeit:
30 Minuten
Kochzeit: 25 Minuten

Einkaufsliste
8 Matjesfilets
1 kg Kartoffeln (fest-kochend)
1 kg grüne Bohnen
1 Bund Bohnenkraut
200 g magerer Speck
1 Zwiebel
Salz
Pfeffer

Tipp:
Die Bohnen immer erst nach dem Kochvorgang salzen, da der Garvorgang sonst länger dauert.

Benediktiner Karpfen

Für 6 Personen
Zubereitungszeit:
20 Minuten
Kochzeit: 40 Minuten

Einkaufsliste
1 Karpfen (ca. 1 ½ kg)
125 ml Essig
1 Lorbeerblatt
8 Pfefferkörner
5 Wacholderbeeren
½ Stange Lauch
2 Möhren
¼ Sellerieknolle
1 Rote Bete
1 Zwiebel

1.

Den küchenfertigen Karpfen waschen, trocken tupfen, Kopf und Flossen abtrennen und den Fisch in Stücke schneiden. Den Essig erhitzen und über die Fischstücke gießen. Lorbeerblatt, Pfefferkörner und Wacholderbeeren in ein Leinen- oder Jutesäckchen geben. Das Gemüse putzen und grob zerteilen. Die Zwiebel schälen und vierteln.

2.

Das Gemüse und das Gewürzsäckchen mit dem Wein in einen Topf mit ein Liter Salzwasser geben und etwa 10 Minuten köcheln lassen. Dann die Fischstücke zugeben und bei mäßiger Hitze 25 Minuten ziehen lassen. Die Fischstücke aus dem Sud nehmen, abtropfen lassen und warm stellen.

3.

Das Gewürzsäckchen aus dem Sud nehmen und die Brühe durch ein Sieb gießen.

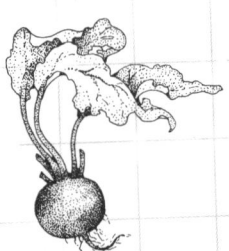

34

Benediktiner Karpfen

4.

Die Butter erhitzen, das Mehl einrühren, mit ca. 500 ml Brühe ablöschen und kurz aufkochen lassen. Das Gemüse durch ein feines Sieb drücken und mit dem verquirlten Eigelb und der Sahne binden.

5.

Die Karpfenstücke auf vorgewärmten Tellern anrichten und die Soße darüber verteilen. Als Beilage schmecken Salzkartoffeln und Meerrettichsahne.

500 ml trockener Weißwein
30 g Butter
50 g Mehl
1 Eigelb
3 EL süße Sahne
Garnierung:
Meerrettichsahne

Tipp:
Lässt sich die Haut leicht abziehen, ist der Karpfen gar.

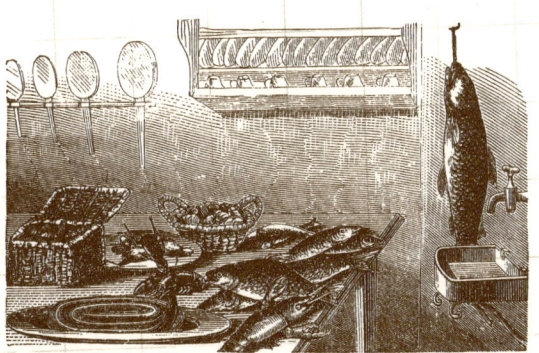

Hecht mit Paprikagemüse

Für 6 Personen
Zubereitungszeit:
25 Minuten
Koch- & Bratzeit:
45 Minuten

Einkaufsliste
1 Hecht (ca. 1½ kg)
Salz
125 g durchwachsener
Speck
2 Paprikaschoten
1 Zwiebel
250 g Tomaten
Zucker
250 ml Weißwein
1 EL Mehl
Garnierung:
Petersilienblättchen

1.

Den ausgenommenen Fisch unter fließendem Wasser abwaschen, trocken tupfen und innen salzen.

2.

Die Hälfte des Specks würfeln und in einem großen Topf auslassen. Die Paprika putzen, entstielen, entkernen und in Streifen schneiden. Die Zwiebel schälen und fein würfeln. Alles zum Speck geben und 15 Minuten dünsten.

3.

Die Tomaten kreuzweise einschneiden, mit heißem Wasser überbrühen, häuten, würfeln, salzen und mit etwas Zucker abschmecken. Zu dem übrigen Gemüse geben und weitere drei Minuten dünsten.

4.

Den Fisch mit dem Bauch nach unten auf das gedünstete Gemüse setzen und dann mit dem Weißwein und etwas Wasser aufgießen.

Hecht mit Paprikagemüse

5.

Den restlichen Speck in Streifen schneiden, den Fisch damit belegen und im geschlossenen Topf 20–30 Minuten dünsten.

6.

Den Hecht herausnehmen und warm stellen. Das Mehl mit etwas Wasser glatt rühren, den Sud damit binden und nochmals kurz aufkochen lassen.

7.

Den Hecht auf einer vorgewärmten Platte anrichten, mit dem Gemüse umlegen und alles mit Petersilie bestreut servieren.

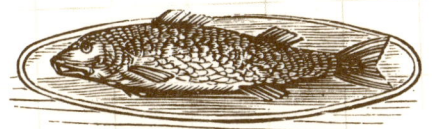

Tipp:

Ein frischer Hecht hat glänzende Augen. Sind die Augen trüb, ist der Fisch nicht frisch.

Info:

Oftmals verbieten die Klosterregeln das Sprechen beim gemeinsamen Mahl. Schon früh entwickelten die Mönche eine Zeichensprache auch für einen solchen Moment. Mit aneinander gepressten Händen bittet man um Käse, eine Schwimmbewegung der Hand bezeichnet den Fisch, die Hand an der Gurgel bedeutet Essig.

1. Moses

Kap. 27, Vers 25

Da sprach er: So bringe mir her, mein Sohn,
zu essen von deinem Wildbret,
dass dich meine Seele segne.
Da brachte er's ihm und er aß;
und er trug ihm auch Wein hinein
und er trank.

Die schmackhaften Speisen von Fleisch und Wild aus Gottes Natur

Lammbraten mit Minze

1.

Lauch, Sellerie und Zwiebeln putzen, schälen und in kleine Stücke schneiden. Die Minze bis auf einige Blättchen im Mörser zerstoßen.

2.

Das Lammfleisch salzen und pfeffern. In einem Bräter die Butter schmelzen, das Fleisch hineingeben und von allen Seite Farbe nehmen lassen. Das Gemüse hinzufügen und ebenfalls anbraten. Mit 250 ml heißem Wasser aufgießen und bei kleiner Flamme zugedeckt etwa 90 Minuten schmoren. In dieser Zeit das Fleisch hin und wieder wenden. Das Fleisch aus dem Bratfond heben, 10 Minuten abgedeckt ruhen lassen und anschließend in dünne Scheiben schneiden.

3.

Für die Soße den Essig erhitzen, den Honig darin schmelzen und die gestoßene Minze dazugeben. Alles in eine kleine Schale füllen und abkühlen lassen.

4.

Die Lammscheiben auf einer Platte anrichten, mit Minzeblättchen garnieren und die Schale mit der Minzesoße dazu reichen.

Hähnchen-
Kürbis-Gratin

1.

Die Kartoffeln waschen und wie gewohnt in der Schale in Salzwasser als Pellkartoffeln kochen. Abgießen, mit kaltem Wasser abschrecken, pellen und in Würfel schneiden. Den Kürbis ebenfalls in Würfel schneiden.
Die Zwiebeln schälen und klein hacken. Die Geflügelbrust waschen, trocken tupfen und in mundgerechte Stücke schneiden.

2.

In einer Pfanne die Butter erhitzen und die Zwiebeln im heißen Fett anbraten. Das Fleisch dazugeben und von allen Seiten anbraten, mit Salz und Pfeffer würzen. Chilischote waschen, entkernen und klein hacken. Knoblauch schälen und sehr fein würfeln. Beides mit Crème fraîche, Milch und Eiern verquirlen und mit Salz und Pfeffer würzen. Den Backofen auf 180 °C vorheizen.

3.

Die Kartoffeln mit Kürbis und Fleisch in eine Auflaufform geben und vermischen. Die Eiermasse darüber verteilen und unterrühren. Im Backofen etwa 40 Minuten backen. Aus dem Herd nehmen und in der Form zu Tisch bringen.

Für 4 Personen
Zubereitungszeit:
35 Minuten
Kochzeit: 40 Minuten

Einkaufsliste
500 g Kartoffeln
600 g Kürbisfleisch
(geschält gewogen)
2 Zwiebeln
500 g Hähnchen-
brustfilet
2 EL Butter
1 rote Chilischote
1 Knoblauchzehe
200 g Crème fraîche
100 ml Milch
2 Eier
Salz
Pfeffer

41

Fasan auf Weinlauch

Für 4 Personen
Zubereitungszeit:
20 Minuten
Kochzeit: 40 Minuten

Einkaufsliste
2 junge Fasane
Salz
Pfeffer
Butterflöckchen
150 g dünn geschnitte-
ne Speckscheiben
(geräuchert)
200 ml Weißwein
150 ml Gemüsefond
5 Lauchstangen
2 EL Butter
Muskat

1.

Die Fasane gründlich waschen, von allen Federresten befreien und trocken tupfen. Von innen und außen mit Salz und Pfeffer einreiben und auf der Brust mit Butterflocken belegen.

2.

Die Fasane mit den Speckscheiben umwickeln. Den Backofen auf 220 °C vorheizen und die Fasane mit der Brust nach unten in einen flachen Bräter legen. 100 ml Weißwein und Gemüsefond angießen und 30–40 Minuten braten. Dabei regelmäßig begießen, damit das empfindliche Fleisch nicht austrocknet.

3.

Die Fasane 10 Minuten vor Ende der Bratzeit auf den Rücken drehen und den Speck entfernen.

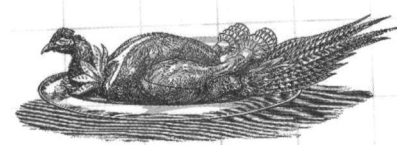

Fasan auf Weinlauch

4.

Während der Bratzeit die Lauchstangen von den äußeren Blättern und vom Strunk befreien. In fingerdicke Ringe schneiden, gründlich waschen und abtropfen lassen. Die Butter in einem Topf erhitzen und das Lauch in der heißen Butter kurz anrösten. Mit dem restlichen Wein begießen, mit Salz, Pfeffer und Muskat würzen und in etwa 10 Minuten bissfest gar kochen.

5.

Das Gemüse auf einer großen Platte anrichten. Die Fasane der Länge nach halbieren und auf das Gemüse setzten. Dazu Kartoffeln und einen gut gekühlten Weißwein reichen.

Tipp:

Wenn Sie die Fasane mit Innereien bekommen, können Sie daraus leicht eine Farce herstellen und die Vögel damit füllen. Dazu die Innereien waschen, klein schneiden und in der Küchenmaschine fein pürieren. Mit 2 EL Petersilie, 2 Eiern, 2 in Milch eingeweichten Brötchen, Salz und Pfeffer eine homogene Masse herstellen und diese in die Bauchhöhlen der Fasane füllen. Die Bauchöffnung mit Holzstäbchen schließen.

Gänsebraten

Für 4 Personen
Zubereitungszeit:
35 Minuten
Kochzeit: 3 Stunden

Einkaufsliste
1 Gans mit
Innereien (4–5 kg)
½ L Brühe
2 Zwiebeln
Salz
Pfeffer
Für die Füllung:
4 Äpfel (Boskoop)
2 Brötchen (altbacken)
100 m Milch
50 g Butter
1 Bund Petersilie
Für die Soße:
750 g Kastanien
(Fertigprodukt, vorge-
gart und ohne Schale)
300 g Backpflaumen
geeiste Butter zum
Binden der Soße

1.

Die Gans waschen und trocken tupfen. Außen und innen kräftig mit Salz und Pfeffer einreiben. Die Innereien ebenfalls waschen, abtropfen lassen, klein schneiden und im Mixer fein pürieren.

2.

Für die Füllung die Äpfel waschen, schälen, halbieren bzw. vierteln, vom Kerngehäuse befreien und in Würfel schneiden. Die Brötchen in der Milch einweichen und ausdrücken. Die Petersilie gründlich waschen, trocken schleudern und fein hacken. Diese Zutaten mit den Innereien vermischen und mit Salz und Pfeffer würzen.

3.

Die Füllung in die Bauchhöhle geben und die Bauchöffnung mit Holzstäbchen verschließen. Den Backofen auf 250 °C vorheizen.

Gänsebraten

4.

Die Gans mit der Brust nach unten auf ein Bratrost legen, die Saftpfanne mit der Brühe und ½ Liter Wasser füllen und beides in den Backofen schieben. Die Hitze auf 200 °C reduzieren und den Gänsebraten für drei Stunden garen. Nach der Hälfte der Bratzeit die Gans auf den Rücken drehen und regelmäßig mit dem Bratenfond begießen.

5.

Den Gänsebraten aus dem Ofen nehmen und warm stellen. Das Bratenfett von der Saftpfanne abschöpfen und die Soße in einen Topf gießen. Mit Salz und Pfeffer abschmecken, Kastanien und Pflaumen dazugeben und etwas einkochen lassen. Ggf. mit geeister Butter binden.

6.

Den Gänsebraten tranchieren, die Füllung herausnehmen und zu Fleisch und Soße servieren.

Tipp:

Das ausgebratene Gänsefett in einem Glas aufheben. Das schmeckt hervorragend als Brotaufstrich.

Info:

Der Gänsebraten wird im Kloster zur Feier des Heiligen Martin gekocht. Es geht die Mär, das dieser zum Bischof gewählt werden sollte. Da er dies ablehnte, versteckte er sich in einem Gänsestall, während die Menschen mit Laternen nach ihm suchten. Die Gänse allerdings machten wegen des Eindringlings einen solchen Lärm, dass Martin schnell gefunden wurde. Das Schnattern der Gänse deutete er dabei als Zeichen Gottes, dessen Wille es war, dass Martin Bischof wurde.

Gefüllte Tauben

Für 4 Personen
Zubereitungszeit:
35 Minuten
Kochzeit: 40 Minuten

4 Tauben mit Innereien
Salz
Pfeffer
Für die Füllung:
1 Brötchen (altbacken)
4 EL Milch
200 g Geflügelleber
2 Schalotten
1 Bund Petersilie
2 EL Butter
1 Ei
etwas Semmelbrösel
Butterschmalz, zum
Braten
Für die Soße:
¼ L Brühe
geeiste Butter
1 EL gehackte Petersilie

1.

Die Tauben gründlich waschen, trocken tupfen und von innen und außen mit Salz und Pfeffer einreiben. Die Innereien ebenfalls waschen, trocken tupfen und fein hacken.

2.

Für die Füllung das Brötchen in der Milch einweichen. Die Geflügelleber waschen, trocken tupfen und fein hacken. Die Schalotten schälen und in kleine Würfel schneiden. Die Petersilie gründlich waschen, trocken schleudern und fein hacken.

3.

In einer Pfanne die Butter auslassen und die Schalottenwürfel darin kurz anrösten. Die Innereien und die Leber dazu geben und kurz andünsten. Die Petersilie einrühren und kurz durch-schwenken. Die Pfanne von der Herdplatte ziehen und die Masse abkühlen lassen. Die Mischung mit Ei und Semmelbröseln binden und zu einer glatten Masse verarbeiten. Den Backofen auf 180 °C vorheizen.

Gefüllte Tauben

4.

Die Tauben mit der Masse füllen und mit Holzstäbchen verschließen. Die Tauben in einen Bräter setzen, mit zerlassenem Butterschmalz begießen und im Backofen 30–40 Minuten garen. Dabei immer wieder mit dem Bratenfond begießen.

5.

Die Tauben aus dem Ofen nehmen und warm stellen. Den Bratenfond mit der Brühe loskochen und etwas einkochen lassen. Die Soße mit Salz und Pfeffer abschmecken und mit geeister Butter binden.

6.

Die Tauben auf einer Servierplatte anrichten, mit etwas Soße begießen und der Petersilie bestreuen. Die restliche Soße separat mit Kartoffeln und Gemüse der Saison servieren.

Tipp:
Wenn Sie mögen, können Sie die Täubchen auch mit Speckscheiben belegen, dadurch wird das Fleisch herzhafter und trocknet nicht so sehr aus.

Info:
In der Fastenzeit war der Verzehr von Vierfüßern streng verboten, Fisch dagegen erlaubt. Es gab über Jahrhunderte in vielen Klöstern regelrechte Debatten, ob man Geflügel zubereiten dürfe. Um diese Frage mit reinem Gewissen bejahen zu können, wurde manchmal Federvieh in Wasser geworfen, um es dem Fisch gleichzustellen.

Heubraten

Für 4 Personen
Zubereitungszeit:
25 Minuten (ohne
Wartezeit)
Kochzeit: 50 Minuten

Einkaufsliste
500 g Bio-Heu
2 Möhren
1 Lauchstange
½ Sellerieknolle
1 kg Rindfleisch
2 Zwiebeln
2 EL Butterschmalz
Salz
Pfeffer
200 ml Sahne
20 g eiskalte Butter
2 EL Preiselbeeren

1.

Das Heu klein schneiden. Das Gemüse putzen, schälen und klein schneiden. In einem Topf etwa drei Liter Wasser zum Kochen bringen und Heu und Gemüse darin etwa fünf Minuten kräftig kochen lassen. Den Topf von der Herdplatte ziehen und erkalten lassen.

2.

Das Fleisch waschen, trocken tupfen und für fünf Tage in der Flüssigkeit ziehen lassen. Danach die Zwiebeln schälen und in nicht zu kleine Würfel schneiden.

3.

Das Fleisch aus dem Topf heben und trocken tupfen. Das Butterschmalz in einem Bräter erhitzen und das Fleisch darin von allen Seiten kräftig anbraten. Die Hitze reduzieren, die Zwiebeln dazugeben und kurz anrösten. Mit Salz und Pfeffer würzen. Das Heu mit Gemüse und ¼ Liter der Flüssigkeit auf das Fleisch gießen und bei mittlerer Hitze in etwa 50 Minuten weichkochen lassen.

Heubraten

4.

Das Fleisch aus dem Topf nehmen und warm halten. Die Soße durch ein Sieb gießen (Gemüse und Heu werden nicht mehr benötigt) und aufkochen. Die Sahne dazugeben und alles etwas reduzieren. Die Preiselbeeren zugeben und mit der Butter binden. Eventuell nachwürzen.

5.

Das Fleisch in Scheiben schneiden, auf einer Fleischplatte anrichten und mit der Soße begießen. Dazu Semmelknödel und Rotkohl reichen.

Tipp:
Dieses Rezept eignet sich auch für Schweinefleisch.

Info:
Der Heubraten ist ein altes Rezept der bayerischen und der Alpenklöster.

Lammgulasch à la Meteora

Für 4 Personen
Zubereitungszeit:
25 Minuten
Kochzeit:
45–50 Minuten

Einkaufsliste
1 kg Lammschulter
3 Zwiebeln
2 Knoblauchzehen
2 EL Butterschmalz
2 EL Paprikapulver
100 g Tomatenmark
1 Bund Thymian
(gewaschen und zu
einem Sträußchen
zusammen gebunden)
Salz
Pfeffer
700 ml Rotwein
(trocken)
500 ml Fleischbrühe
50 g Butter
50 g Mehl

1.

Das Fleisch waschen, trocken tupfen und in mundgerechte Stücke schneiden. Die Zwiebeln und den Knoblauch schälen und grob in Stücke schneiden.

2.

Das Butterschmalz in einem Schmortopf erhitzen und die Fleischwürfel darin rundherum anbraten. Die Zwiebel mit dem Paprikapulver zugeben und kurz anrösten lassen. Dann das Tomatenmark, Knoblauch und Thymian zufügen, mit Salz und Pfeffer würzen und mit der Hälfte des Rotweins ablöschen. Die Flüssigkeit vollständig reduzieren, den restlichen Wein zufügen und erneut einkochen lassen.

3.

Mit der Brühe auffüllen und 45–50 Minuten bei kleiner Temperatur schmoren lassen. Nach Ende der Garzeit das Thymiansträußchen entfernen, die Butter mit dem Mehl verkneten und die Soße mit der Mehlbutter binden.

4.

Das Lammgulasch in eine Fleischschüssel füllen und mit Nudeln oder Kartoffeln servieren.

Rehmedaillons

1.

Das Fleisch waschen und gut trocken tupfen. Das Butterschmalz in einer Pfanne erhitzen und die Medaillon darin von beiden Seiten kräftig anbraten. Das Fleisch mit Salz und Pfeffer würzen. Den Backofen auf 80 °C vorheizen, die Medaillons auf die Fettpanne setzen und im Ofen etwa 20 Minuten garen lassen.

2.

In der Zwischenzeit die Schalotte schälen, in kleine Würfel schneiden und im heißen Bratenfett anrösten. Mit Wein und Cassis ablöschen und bei mittlerer Hitze etwas einkochen lassen. Die Soße von der Herdplatte ziehen und mit der eiskalten Butter binden.

3.

Die Rehmedaillons auf einer Fleischplatte anrichten, etwas von der Soße darüber gießen, mit Petersilie garnieren und mit der restlichen Soße separat servieren.

Für 4 Personen
Zubereitungszeit:
10 Minuten
Kochzeit: 20 Minuten

Einkaufsliste
8 Stück Rehmedaillons
1 EL Butterschmalz
Salz
Pfeffer
Für die Soße:
1 Schalotte
¼ L Rotwein
100 ml
Johannisbeercassis
eiskalte Butter
1 EL gehackte Petersilie

Tipp:
Wählen Sie beim Kochen mit Wein immer einen Qualitätswein. Hier zu sparen beeinträchtigt den Geschmack Ihres Gerichtes.

51

Sauenfilet mit Pfifferlingen

Für 4 Personen
Zubereitung:
35 Minuten
Bratzeit: 45 Minuten

1.

Pfifferlinge putzen, Schalotten schälen und in Streifen schneiden. Petersilie waschen und fein hacken. Teller vorwärmen.

2.

Die Medaillons auf die Arbeitsplatte legen. Mit je einer Scheibe Speck umwickeln. Den Speck mit Küchengarn fixieren. Pfeffern und wenig salzen. Das Butterschmalz erhitzen und die Medaillons auf beiden Seiten je 8 Minuten braten.

3.

Von den fertigen Medaillons das Küchengarn entfernen. Für die Pfifferlinge die Butter in einer Pfanne erhitzen, die Schalotten darin andünsten und die Pfifferlinge hinzufügen.

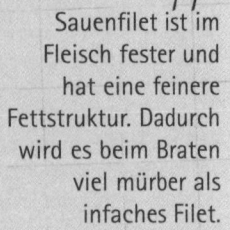

Tipp:
Sauenfilet ist im Fleisch fester und hat eine feinere Fettstruktur. Dadurch wird es beim Braten viel mürber als infaches Filet.

4.

Anschließend bei starker Hitze alles einige Minuten braten. Mit Salz und Pfeffer würzen, die saure Sahne unterziehen und die Petersilie darüber streuen.

52

Sauenfilet mit Pfifferlingen

5.

Verteilen Sie die Medaillons auf die vorgewärmten Teller, geben Sie die Pfifferlinge über das Fleisch und garnieren Sie die Teller mit Petersilienblättchen.

Einkaufsliste

4 Medaillons vom Sauenfilet
4 Scheiben Speck
Schwarzer Pfeffer aus der Mühle
Salz
1 EL Butterschmalz
Für die Pfifferlinge:
500 g Pfifferlinge
2 Schalotten
1 Bund Petersilie
3 EL Butter
Salz
Schwarzer Pfeffer aus der Mühle
100 g saure Sahne
Garnierung
Petersilienblättchen

Gekochte Schweinsfüße mit Kraut

Für 4 Personen
Zubereitung:
30 Minuten
Kochzeit: 75 Minuten

1.

Die Schweinsfüße unter kaltem Wasser abspülen. Einen großen Topf mit Wasser aufsetzen und darin die geschälten Zwiebeln, Lorbeerblätter, Wacholderbeeren und Pfefferkörner einmal aufkochen. Für das Kraut Apfel und Zwiebel schälen, beides klein würfeln.

2.

Die Schweinsfüße in das kochende Wasser geben. Etwa 75 Minuten bei mäßiger Hitze kochen lassen. Das Fleisch muss so weich sein, das es sich fast vom Knochen löst.

Tipp:
Wer die Schwarte an den Schweinsfüßen lieber kross mag, kann die Schweinsfüße nach dem Garen für einige Minuten unter dem Grill bräunen.

3.

In einem Topf das Gänseschmalz erhitzen, darin die Apfel- und die Zwiebelwürfel anbraten. Das Sauerkraut hinzufügen und alles gut vermischen. Salz, Pfeffer, Piment und Kümmel darüber streuen, mit dem Weißwein aufgießen und 1 Stunde lang schmurgeln lassen.

Gekochte Schweinsfüße mit Kraut

Einkaufsliste

4 gepökelte
Schweinsfüße
3 Zwiebeln
3 Lorbeerblätter
1 TL Wacholderbeeren
(im Mörser leicht ange-
drückt)
1 TL schwarze
Pfefferkörner
2 Gewürznelken

Für das Kraut:

1 Apfel
1 Zwiebel
1 EL Gänseschmalz
500 g Sauerkraut
Salz
Weißer Pfeffer aus der
Mühle
1 Msp Piment
1 Msp gemahlener
Kümmel
250 ml Weißwein

5.

Die Schweinsfüße aus dem Kochsud heben und gut abtropfen lassen.

4.

Servieren Sie die Schweinsfüße auf vorgewärmten Tellern mit je einem Petersiliensträußchen garniert und reichen Sie das Kraut in einer separaten Schüssel dazu. Eine schöne Ergänzung ist ein sahniges Kartoffelpüree.

Altenberger Kaninchenbraten

Für 4 Personen
Zubereitung:
25 Minuten
Koch- & Bratzeit:
1–1½ Stunden

Einkaufsliste
1 Kaninchen
(ca. 1½ kg)
Salz
Weißer Pfeffer aus der
Mühle
100 g Butter
1 gewürfelte Möhre
¼ gewürfelte
Sellerieknolle
½ gewürfelte Stange
Lauch
250 ml Weißwein
1 gehackte
Knoblauchzehe
250 g saure Sahne
1 EL Kartoffelmehl
1 EL gehackte Petersilie

1.

Das Kaninchen waschen, trocknen und von allen Häuten und überschüssigem Fett befreien, in sechs Stücke teilen und alle Fleischstücke salzen und pfeffern.

2.

In einem Bräter die Butter zerlassen und die Kaninchenstücke mit Möhre, Sellerie und Lauch kräftig anbraten.
Mit Weißwein ablöschen und die Knoblauchzehe dazugeben.
Im geschlossenen Topf das Kaninchen je nach Alter 60–90 Minuten köcheln lassen. Bei Bedarf etwas Wasser nachgießen.

3.

Nach Ende der Garzeit die Kaninchenteile aus dem Bräter nehmen und warm stellen. Den Bratensaft durch ein Sieb passieren, mit der Sahne und dem Kartoffelmehl binden und abschmecken.

4.

Die Kaninchenteile auf einer Fleischplatte anrichten und mit der Petersilie bestreuen, die Soße separat dazu reichen. Als Beilage passen Kartoffelklöße und Rotkohl.

Wildschwein Kapuziner Art

Für 4 Personen
Zubereitung:
30 Minuten
Brat- & Backzeit:
2 Stunden

1.

Das Fleisch mit Salz, Pfeffer, Majoran und den zerdrückten Wacholderbeeren einreiben. Fest mit den Speckscheiben umwikkeln.

2.

In einer tiefen Pfanne die Butter erhitzen und die fein geschnittene Zwiebel, Möhre und Petersilienwurzel darin andünsten. Das Fleisch dazulegen und anbraten.

3.

Die Pfanne in den Backofen stellen und bei 180 °C für zwei Stunden braten. Mehrmals mit Fleischbrühe und Rotwein aufgießen. Braten herausnehmen und warm stellen. Die Sahne mit der Speisestärke vermischen und damit die Soße binden.

4.

Den Braten in Scheiben schneiden, auf einer Fleischplatte anrichten und mit den grünen Pfefferkörnern bestreuen.
Dazu passen rohe Kartoffelklöße und der gleiche Rotwein, der zum Kochen verwendet wurde.

Einkaufsliste
1 kg Wildschwein von der Keule
Salz
Schwarzer Pfeffer aus der Mühle
1 TL Majoran
10 im Mörser zerdrückte Wacholderbeeren
30 g Butter
1 Zwiebel
1 Möhre
125 g durchwachsene Speckscheiben
1 Petersilienwurzel
¼ L Fleischbrühe
¼ L Rotwein
⅛ L Sahne
20 g Speisestärke
Grüne Pfefferkörner

Altes Testament

Kap. 15, Vers 17

Es ist besser ein Gericht Kraut mit Liebe,
denn ein gemästeter Ochse mit Hass.

Aus dem Gemüsegarten sowie allerlei Beilagen

Bratkartoffeln aus rohen Kartoffeln mit Speck

Für 4 Personen
Zubereitung:
25 Minuten
Kochzeit: 20 Minuten

Info:
Im Kloster der Zisterzienser wird im Winter nur einmal, im Sommer zweimal am Tag gegessen. Das Essen ist fett- und nahezu fleischlos. Bevorzugt werden einfache Gemüsegerichte, Brei, Hülsenfrüchte und Obst. An Fleisch darf nur Geflügel und Fisch gespeist werden.

1.

Die Kartoffeln schälen, waschen und in feine Scheiben schneiden. Die Kartoffelscheiben auf einem Küchentuch ausbreiten und trocken tupfen. Die Zwiebeln schälen und in feine Ringe schneiden.

2.

Das Öl in einer großen Pfanne erhitzen und die Kartoffelscheiben darin kräftig anbraten. Die Hitze reduzieren und die Zwiebelringe dazugeben. Kräftig mit Pfeffer würzen. Die Kartoffeln etwa 15–20 Minuten garen lassen.

3.

In dieser Zeit das Bauchfleisch waschen, trocken tupfen und in Mehl wälzen. Die Eier aufschlagen, verquirlen und die Fleischscheiben durchziehen. Abschließend in Paniermehl wenden.

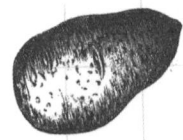

Bratkartoffeln aus rohen Kartoffeln mit Speck

4.

Das Butterschmalz in einer zweiten Pfanne erhitzen und die Speckscheiben darin knusprig goldgelb gar braten und mit Salz und Pfeffer würzen. Wenn die Kartoffeln gar sind, ebenfalls salzen und auf Tellern portionieren. Die Fleischscheiben dazugeben und mit der Petersilie bestreut servieren.

Einkaufsliste
800 g Kartoffeln
2 Zwiebeln
3 EL Öl
Pfeffer
8 Scheiben
Bauchfleisch
3 EL Mehl
2 Eier
Paniermehl
1 EL Butterschmalz
Salz
1 EL gehackte Petersilie

Buchweizen-pfannkuchen

Für 4 Personen
Zubereitung:
15 Minuten (ohne
Wartezeit)
Kochzeit: 3 Minuten
(pro Pfannkuchen)

Einkaufsliste
125 g Buchweizenmehl
125 g Weizenmehl
600 ml Milch
4 Eier
Salz
Muskat
1 EL Zitronensaft
Öl zum Braten
1 Zwiebel
200 g Speckwürfel
1 EL gehackte Petersilie

1.

Buchweizen- und Weizenmehl in einer Schüssel miteinander vermischen und mit Milch und Eiern zu einem glatten Teig verrühren. Ist der Teig zu fest, weitere Milch zufügen. Mit Salz, Muskat und Zitronensaft würzen. Den Teig abgedeckt etwa 30 Minuten ruhen lassen.

2.

Das Öl in einer Pfanne erhitzen und nach und nach acht Pfannkuchen goldgelb ausbacken. Die Pfannkuchen warm stellen.

3.

Die Zwiebel schälen und in kleine Würfel schneiden. Die Speckwürfel im heißen Fett der Pfannkuchen-Pfanne auslassen, die Zwiebelwürfel dazu-geben und kurz, aber kräftig anrösten. Die Pfannkuchen auf Tellern portio-nieren, mit den Speck-und Zwiebelwürfeln belegen, zusam-menklappen und mit der Petersilie garniert servieren.

Gemüsesuppe ST. Paul

1.

Die Kartoffeln, Zwiebeln und Gemüse wie gewohnt schälen, putzen und waschen. Alles in mundgerechte Stücke schneiden.

2.

In einem hohen Topf etwa 1½ Liter Wasser zum Kochen bringen. Das Gemüse (außer dem Lauch) dazugeben und mit der Gemüsebrühe würzen. Die Suppe bei mittlerer Hitze etwa 30 Minuten köcheln lassen. Fünf Minuten vor Ende der Garzeit den Porree dazugeben und weich kochen.

3.

Vor dem Servieren die Suppe mit Salz und Pfeffer, ggf. auch mit Gemüsebrühe, abschmecken und in eine Suppenterrine füllen. Mit Petersilie garniert servieren.

Für 4 Personen
Zubereitung:
40 Minuten
Kochzeit: 35 Minuten

Einkaufsliste
5 Kartoffeln
2 Zwiebeln
100 g frische grüne
Bohnen
2 Möhren
½ Sellerieknolle
1 Selleriestaude
½ Blumenkohl
150 g Rosenkohl
1 Lauchstange
Gemüsebrühe (Instant)
Salz
Pfeffer
1 EL gehackte Petersilie

63

Gemüsetorte

Für 4 Personen
Zubereitung:
45 Minuten (ohne
Wartezeit)
Kochzeit: 40 Minuten

Einkaufsliste
250 g Mehl
1 Ei
Salz
120 g Butter
800 g Gemüse Ihrer
Wahl (z.B. Möhren,
Kartoffeln, Bohnen,
Sellerie etc.)
1 Zwiebel
2 EL Öl
Salz
Pfeffer
Butter zum Einfetten
einer Tortenform
3 Eier
200 ml Milch
100 ml Crème fraîche
150 g geriebener Käse
Salz
Pfeffer
Muskatnuss

1.

Aus Mehl, Ei, Salz, Butter und zwei Esslöffel kaltem Wasser einen Mürbteig herstellen. Den Teig 30 Minuten kühl ruhen lassen.

2.

Das Gemüse waschen, putzen, in mundgerechte Stücke schneiden. Die Zwiebel schälen und in Würfel schneiden. Das Öl in einem Topf erhitzen, Zwiebel und Gemüse hineingeben und kurz anrösten. Mit Salz und Pfeffer würzen, etwas abkühlen lassen.

3.

Den Teig noch einmal durchkneten, ausrollen und in eine gefettete Tortenform auslegen, dabei den Teigrand etwa 3 cm hochziehen. Das Gemüse dazugeben und verteilen.

4.

Die Eier mit Milch und Crème fraîche verquirlen, mit dem geriebenen Käse vermengen und mit Salz, Pfeffer und Muskatnuss abschmecken. Diese Masse über das Gemüse gießen und bei 175 °C etwa 40 Minuten im vorgeheizten Backofen backen lassen.

Grünkohleintopf

1.

Den Speck mit Wasser aufsetzen und etwa 45 Minuten kochen lassen. Die Kohlblätter waschen, von den Rispen befreien und portionsweise in sprudelndem Salzwasser blanchieren.

2.

Die Zwiebeln schälen und in kleine Würfel schneiden. In einem großen Topf das Butterschmalz erhitzen und die Zwiebelwürfel darin anschwitzen. Mit einem ½ Liter von dem Speckkochsud ablöschen, die Kohlblätter dazugeben und mit Salz, Pfeffer und Zucker würzen. Abgedeckt etwa 60 Minuten bei kleiner Hitze garen lassen.

3.

Dann die Hafergrütze einrühren. Speck, Kasseler und Kochwürste dazugeben und weitere 45 Minuten garen. Eine Pinkelwurst aufritzen und unter das Gemüse rühren, die restlichen Würste 10 Minuten mit garen lassen.

4.

Das Fleisch und die Würste aus dem Topf heben. Das Gemüse abschmecken, ggf. mit Salz und Pfeffer nachwürzen, und auf einer großen Platte anrichten. Das Kasseler in Scheiben schneiden und mit den Würsten auf dem Grünkohl anrichten.

Für 4 Personen
Zubereitung:
50 Minuten
Kochzeit: etwa 2
Stunden

Einkaufsliste
500 g durchwachsener
Speck
2 kg Grünkohl
Salz
500 g Zwiebeln
3 EL Butterschmalz
Pfeffer
Zucker
200 g Hafergrütze
1 kg Kasseler
4 Kochwürste
5 Pinkelwürste

Kartoffeln mit grüner Soße

Für 4 Personen
Zubereitung:
25 Minuten
Kochzeit: 25 Minuten

Einkaufsliste
2 kg Kartoffeln
6 Eier
600 g frische Kräuter
(z.B.: Kerbel, Bärlauch,
Estragon, Schnittlauch,
Petersilie etc.)
750 g Quark
200 ml Sauerrahm
250 ml Joghurt
Saft von 1 Zitrone
Salz
Pfeffer
Zucker
3 Schalotten

1.

Die Kartoffeln waschen und in der Schale wie gewohnt zu Pellkartoffeln gar kochen. Zeitgleich die Eier hart kochen, abschrecken, pellen und in feine Würfel schneiden.

2.

Die Kräuter waschen, verlesen, trocken schleudern und fein hacken. Den Quark mit Sauerrahm, Joghurt und Zitronensaft glatt rühren. Mit Salz, Pfeffer und Zucker abschmecken.

3.

Die Schalotten schälen, fein würfeln und zusammen mit den Kräutern und den Eierwürfeln unter die Quarkmasse rühren. Die grüne Soße noch einmal mit Salz und Pfeffer abschmecken.

4.

Die Kartoffeln abgießen, abschrecken, pellen und in eine Schüssel füllen. Kartoffeln separat mit der grünen Soße zu Tisch bringen.

Kartoffel-Knödel Pater Anselm

Für 4 Personen
Zubereitung:
50 Minuten
Kochzeit: etwa 5-10
Minuten (je nach
Knödelgröße)

1.

Die Kartoffeln waschen und wie gewohnt in der Schale zu Pellkartoffeln gar kochen. Abgießen, mit kaltem Wasser abschrecken, pellen. Die Kartoffeln noch heiß durch eine Kartoffelpresse drücken und abkühlen lassen.

2.

Die Kartoffelmasse mit den Eiern vermengen und mit Salz, Pfeffer und Muskatnuss würzen. Nach und nach mit dem Mehl verkneten, bis der Teig nicht mehr klebt. Mit bemehlten Händen Klöße formen und diese in einen Topf mit kochendem Salzwasser geben. Die Temperatur reduzieren und bei mittlerer Hitze sieden lassen.

3.

Die Klöße sind gar, wenn sie an der Wasseroberfläche schwimmen. Mit einem Schaumlöffel aus dem Wasser heben und abtropfen lassen. Die Kartoffel-Knödel in eine Schüssel füllen, mit Butterflöckchen belegen und mit einem Fleischgericht mit Soße servieren.

Einkaufsliste
1 ½ kg Kartoffeln
2 Eier
Salz
Pfeffer
Muskatnuss
4-5 EL Mehl
Butterflöckchen

Tipp:
Wenn Sie Knödel übrig haben, können Sie diese am nächsten Tag klein geschnitten in einer Pfanne anbraten, mit Rührei übergießen und goldgelb braten. Dazu passt ein grüner Salat.

Kartoffelplätzchen

Für 4 Personen
Zubereitungszeit:
20 Minuten
Bratzeit: 2–3 Minuten
je Kartoffelplätzchen

Einkaufsliste
1 kg Kartoffeln
2 große Zwiebeln
1 Bund Petersilie
(fein gehackt)
2 Eier
Salz
Sonnenblumenöl

Info:
Die kulinarischen
Bedürfnisse werden
von den Mönchen
durch raffinierte vege-
tarische Gerichte ge-
stillt. In vielen Kloster-
gärten werden daher
Tomaten, Zucchini,
Gurken, Paprika,
Zwiebeln, Kartoffeln,
Quitten, Rote Bete und
Äpfel angebaut.

1.

Die Kartoffeln schälen, waschen, reiben und in einem Sieb abtropfen lassen, dabei das Kartoffelmehl auffangen. Die Flüssigkeit wird nicht benötigt.

2.

Die Zwiebeln ebenfalls schälen, fein hacken. Die Petersilie gründlich waschen, gut trocken schleudern und ebenfalls fein hacken.

3.

Zwiebel und Petersilie unter die Kartoffelmasse mischen. Das aufgefangene Kartoffelmehl und die Eier unterrühren. Kräftig mit Salz würzen.

4.

Das Öl in einer Pfanne heiß werden lassen. Die Kartoffelmasse löffelweise in das Öl geben, flach drücken und von beiden Seiten knusprig braun backen. Weiter so verfahren, bis der Kartoffelteig aufgebraucht ist.

5.

Die Kartoffelplätzchen auf Küchenkrepp abtropfen lassen und heiß servieren. Als Beilage zu Fleisch- oder Fischgerichten oder als Hauptgericht mit Apfelmus und Schwarzbrot mit Butter reichen.

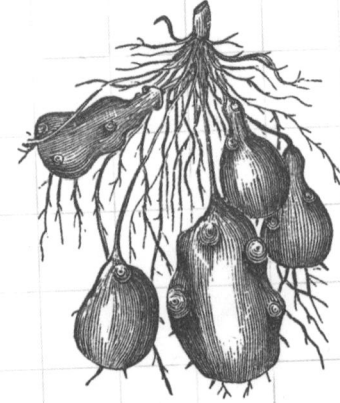

Kartoffelsalat

1.

Die Kartoffeln waschen und wie gewohnt in der Schale zu Pellkartoffeln gar kochen. Abgießen, mit kaltem Wasser abschrecken, pellen und abkühlen lassen.

Für 4 Personen
Zubereitungszeit:
20 Minuten
Kochzeit: 25 Minuten

2.

Die kalten Kartoffeln in Scheiben schneiden und in eine Schüssel geben. Den Speck in kleine Würfel schneiden, die Zwiebeln schälen und fein hacken. Das Öl in einer Pfanne erhitzen, Speck und Zwiebeln darin glasig anbraten und mit dem Essig ablöschen. Diese Masse über die Kartoffeln geben und mit der heißen Brühe, sowie Senf, Salz und Pfeffer vermischen.

Einkaufsliste
600 g Kartoffeln
60 g magerer Speck
2 Zwiebeln
2 EL Öl
1 EL Weißweinessig
125 ml Fleischbrühe
(Instant)
1 TL mittelscharfer
Senf
Salz
Pfeffer
2 EL
Schnittlauchröllchen

3.

Den Kartoffelsalat etwas durchziehen lassen, noch einmal mit Salz und Pfeffer abschmecken. Den Salat in eine andere Schüssel umfüllen und mit den Schnittlauchröllchen garniert servieren.

Tipp:
Probieren Sie anstatt Speck und Zwiebeln auch Petersilie, Sonnenblumenkerne und als Dressing Joghurt, Schmand und Zitronensaft.

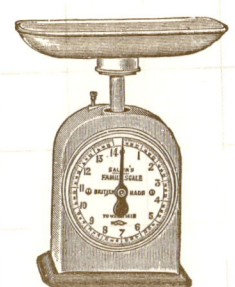

Mehlknödel

Für 4 Personen
Zubereitungszeit:
20 Minuten
Kochzeit: Je Knödel
etwa 3 Minuten

Einkaufsliste
500 g Mehl
3 Eier
¼ L Milch
Salz
150 g Speckwürfel
2 Zwiebel, in Würfel
geschnitten

Tipp:
Zuerst sollten Sie einen
„Probekloß" kochen.
Ist dieser Probekloß zu
weich, kann man noch
etwas Mehl unter den
Knödelteig rühren.
Ist er zu fest, geben
Sie etwas Wasser
in den Teig.

1.

Aus Mehl, Eiern, Milch und Salz einen homogenen Teig
herstellen.

2.

In einem großen Topf Salzwasser zum Kochen bringen.
Von dem Teig mit einem (immer wieder in kochendes Wasser
getauchten) Esslöffel Klöße gegen den Schüsselrand hin abstechen und ins sprudelnd kochende Salzwasser geben.
Die Mehlklöße sind gar, wenn sie an der Oberfläche schwimmen.

3.

Den Speck und die Zwiebeln ohne Zugabe von Fett in einer
Pfanne anrösten. Die Klöße mit einer Schaumkelle aus dem
Wasser heben, abtropfen lassen und mit Speck und Zwiebeln
servieren.

Mus von grünen Bohnen

1.

Die Bohnen waschen, entfädeln und in mundgerechte Stücke schneiden. Die Kartoffeln schälen, waschen und würfeln.

2.

Bohnen und Kartoffeln in einen Topf füllen und mit so viel Wasser angießen, dass sie gerade bedeckt sind. Salz hinzufügen und das Wasser zum Kochen bringen. Nach dem Aufkochen für weitere 15 Minuten zugedeckt bei mittlerer Hitze köcheln lassen.

3.

Das Wasser abgießen (den Topf nicht zurück auf den Herd stellen). Butter und saure Sahne hinzufügen und das Ganze mit dem Stampfer zu einem feinen Mus stampfen, bis keine Stückchen mehr zu sehen sind. Mit Pfeffer und Muskatnuss abschmecken.

5.

Zum Servieren das Mus in eine Schüssel füllen und gehacktes Bohnenkraut darüber streuen.

Für 4 Personen
Zubereitungszeit:
30 Minuten
Kochzeit: 20 Minuten

Einkaufsliste
500 g grüne
Stangenbohnen
500 g Kartoffeln
1 TL Salz
2 EL Butter
200 g saure Sahne
Weißer Pfeffer aus der
Mühle
Frisch geriebene
Muskatnuss

71

Pellkartoffeln mit Quark und Leinöl

Für 4 Personen
Zubereitungszeit:
10 Minuten
Kochzeit: 25 Minuten

Einkaufsliste
1 kg Kartoffeln
2 Zwiebeln
1 Bund Schnittlauch
500 g Quark
2 EL Sahne
Salz
Pfeffer
Kümmel
3 EL Leinöl
1 EL gehackte Petersilie

1.

Die Kartoffeln wie gewohnt in der Schale zu Pellkartoffeln gar kochen.

2.

In dieser Zeit die Zwiebeln schälen und in kleine Würfel schneiden. Den Schnittlauch waschen, trocken schütteln und in kleine Röllchen schneiden. Den Quark in einer Schüssel mit der Sahne cremig verrühren und mit Zwiebeln und Schnittlauch vermengen. Mit Salz, Pfeffer und Kümmel abschmecken.

3.

Die Kartoffeln abgießen, mit kaltem Wasser abschrecken und pellen. Die Pellkartoffeln auf Tellern portionieren, ein oder zwei Löffel Quark neben die Kartoffeln geben, in die Mitte eine Mulde drücken und etwas Leinöl hineingießen. Mit Petersilie garniert servieren.

Gurkengemüse

1.

Die Gurken schälen, halbieren und die Kerne entfernen. Dill waschen und fein hacken. Einige Dillspitzen für die Garnierung zurück legen.

2.

Die halbierten Gurken in feine Scheiben schneiden. Die Butter in einen Topf geben, schmelzen und die Gurkenscheiben dazugeben. Mit Dill, Salz und Pfeffer würzen und im geschlossenen Topf 10 Minuten dünsten.

3.

Das Gurkengemüse mit Dillspitzen bestreuen und als Beilage zu einem Fleischgericht reichen.

Für 4 Personen
Zubereitungszeit:
15 Minuten
Kochzeit: 15 Minuten

Einkaufsliste
2 Schlangengurken
1 Bund Dill
2 EL Butter
Salz
Weißer Pfeffer aus der Mühle
Garnierung:
Dillspitzen

Info:
Die Klöster an der Spree sind berühmt für ihr Gurkengemüse.

Semmelknödel mit frischen Pfifferlingen

Für 4 Personen
Zubereitungszeit:
55 Minuten
Kochzeit: 45 Minuten

Einkaufsliste
Für die
Semmelknödel:
10 Semmeln (Brötchen)
vom Vortag
250 ml lauwarme
Milch
½ TL Salz
1 Zwiebel
1 Bund Petersilie
1 EL Butter
3 Eier

1.

Die Semmeln in dünne Scheiben schneiden und in einer Schüssel mit der Milch übergießen, salzen. Die Zwiebeln schälen und in kleine Würfel schneiden. Die Petersilie gründlich waschen, trocken schütteln und fein wiegen.

2.

In einer Pfanne die Butter auslassen und die Zwiebel darin andünsten. Anschließend mit der Petersilie und den aufgeschlagenen Eiern zu den Semmeln geben und gut vermischen.

3.

Mit nassen Händen aus dem Teig Knödel formen. In einem hohen Topf Salzwasser zum Kochen bringen. Die Semmelknödel in das Wasser geben, die Hitze reduzieren und etwa 25 Minuten ziehen lassen.

4.

In dieser Zeit die Pfifferlinge mit einem Bürstchen säubern, verlesen, die Stielenden abschneiden und große Pilze teilen.

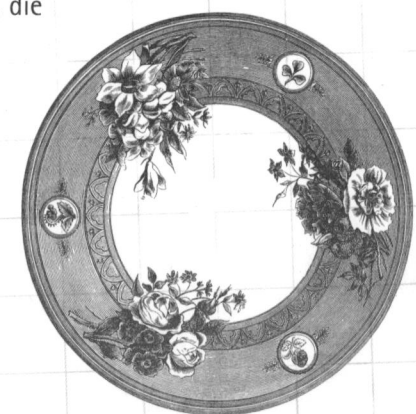

Semmelknödel mit frischen Pfifferlingen

5.

Die Butter in einem Topf erhitzen und die Zwiebel darin anrösten, die Pilze dazugeben und kurz andünsten. Das Mehl darüber stäuben, gut verrühren und die Brühe angießen. Einmal aufkochen lassen, die Sahne dazu gießen und die Petersilie unterrühren. Mit Salz und kräftig mit Pfeffer abschmecken.

6.

Die Semmelknödel aus dem Wasser heben und abtropfen lassen. Die Pfifferlingsoße auf tiefen Tellern verteilen und in die Mitte jeweils einen Semmelknödel setzen.

Für die Pfifferlingssoße:

1 kg Pfifferlinge
1 Zwiebel
1 Bund Petersilie
1 EL Butter
3 EL Mehl
¾ L Gemüsebrühe
1 Becher Sahne
Salz
Pfeffer

Tipp:

Sie können dieses Gericht auch mit anderen Pilzen zubereiten. Je nach Saison z.B. mit Steinpilzen, Austernpilzen oder Champignons.

speckbohnen

Für 4 Personen
Zubereitungszeit:
40 Minuten
Kochzeit: 35 Minuten

Einkaufsliste
1 kg frische grüne
Bohnen
1 Zwiebel
1 Bund Bohnenkraut
Pfeffer
2 EL Butter
300 g Schinken-
speckwürfel
Salz

1.

Die Bohnen waschen, putzen und von den Fäden befreien. Die Zwiebel schälen und fein würfeln. Das Bohnenkraut waschen, trocken tupfen und klein zupfen.

2.

Die Bohnen mit dem Bohnenkraut in etwa 250 ml Wasser aufkochen und mit Pfeffer würzen. Bei geschlossenem Deckel und mittlerer Hitze 30 Minuten garen lassen.

3.

Die Butter in einem großen Topf erhitzen, die Speck- und die Zwiebelwürfel darin anbraten. Die Bohnen nach der Garzeit aus dem Topf heben und in der Pfanne mit Speck und Zwiebel schwenken und miteinander vermischen. Abschließend mit Salz abschmecken.

4.

Die Speckbohnen in eine Schüssel füllen, mit Salzkartoffeln und z.B. mit frischer Bratwurst servieren.

Mangold mit Bärlauch

1.

Den Mangold mehrmals waschen, die harten Stielenden abschneiden und die Mangoldblätter in feine Streifen schneiden. Bärlauch waschen, putzen und in Streifen schneiden. Knoblauch schälen und grob hacken.

2.

Das Olivenöl in einem Topf erhitzen, Mangold dazugeben und zusammenfallen lassen. Bärlauch, Knoblauch, Salz und Pfeffer hinzufügen und 15 Minuten leise köcheln lassen.

4.

Das Gemüse auf vier feuerfeste Förmchen verteilen und den Gorgonzola darüber bröseln. Im vorgeheizten Backofen fünf Minuten bei 250 °C überbacken.

5.

Servieren Sie das Gemüse in den Förmchen auf einem Teller. Garnieren Sie den überbackenen Mangold mit einigen Tomatenwürfeln und reichen Sie Brot dazu.

Für 4 Personen
Zubereitungszeit:
30 Minuten
Koch- & Backzeit:
35 Minuten

Einkaufsliste
2 kg Mangold
1 Sträußchen Bärlauch
2 Knoblauchzehen
½ Tasse Olivenöl
Salz
Weißer Pfeffer aus der Mühle
150 g Gorgonzola
Tomatenwürfel

spinatspätzle

Für 4 Personen
Zubereitungszeit:
55 Minuten
Kochzeit: 4 Minuten

1.

Den Spinat verlesen, gründlich waschen und die groben Stiele entfernen. Das Gemüse in einem Sieb gut abtropfen lassen.

2.

Die Butter in einem Topf erhitzen und den Spinat dazugeben, andünsten und bei mittlerer Hitze „zusammenfallen" lassen. Mit Salz, Pfeffer und Muskat würzen und von der Herdplatte ziehen. Wenn noch viel Flüssigkeit im Topf sein sollte in einem Sieb abtropfen und etwas abkühlen lassen.

Tipp:
Spinatspätzle schmecken auch als Hauptgericht. Mit angerösteten Zwiebelringen, dazu gebratene Speckwürfel oder geriebenen Käse mit einem grünen Salat serviert, ist dieses Gericht eine vollständige Mahlzeit.

3.

Den Spinat fein hacken und mit Mehl, Eiern und Wasser (bis zu ¼ Liter) zu einem glatten Teig verarbeiten. Die genaue Wassermenge hängt von dem Spinat ab. Ist der Spinat sehr feucht, benötigen Sie entsprechend weniger Wasser. Deshalb das Wasser nur nach und nach dazu gießen.

spinatspätzle

4.

In einem Topf Salzwasser zum Kochen bringen. Den Teig über einen Spätzlehobel in das kochende Wasser schaben. Die Spätzle sind gar, sobald sie an der Oberfläche schwimmen. Mit einer Schaumkelle aus dem Wasser heben und abtropfen lassen.

5.

Die Spinatspätzle in eine Schüssel füllen und mit heißer Butter begießen. Als Beilage zu Fleischgerichten servieren.

Einkaufsliste
300 g Blattspinat
1 TL Butter
Salz
Pfeffer
Muskat
400 g Mehl
4 Eier
50 g ausgelassene
Butter

Info:
Das Kloster soll, wenn möglich, so angelegt werden, daß sich alles Notwendige, nämlich Wasser, Mühle und Garten, innerhalb des Klosters befindet...

Aus der Regel des heiligen Benedikt, Kapitel 66

Blumenkohl mit geschmelzten Semmelbröseln

Für 4 Personen
Zubereitungszeit:
15 Minuten
Koch- & Backzeit:
30 Minuten

Einkaufsliste
1 kg Blumenkohl
Salz
5 EL Butter
5 EL Semmelbrösel

1.

Den Blumenkohl putzen und waschen, aber nicht zerteilen.

2.

Den Blumenkohl mit dem Strunk nach unten in einen großen Topf geben. So viel Wasser einfüllen, dass der Blumenkohl fast bedeckt ist. Das Wasser kräftig salzen und zum Kochen bringen. Den Blumenkohl 20 Minuten garen. Anschließend abgießen und mit dem Strunk nach unten etwas abkühlen lassen. Eine Auflaufform reichlich buttern, den Blumenkohl in dicke Scheiben schneiden und schräg liegend in die Form füllen.

3.

Die Butter in einer Pfanne erhitzen und darin die Semmelbrösel rösten. Die gerösteten Brösel auf dem Blumenkohl verteilen und im vorgeheizten Backofen 10 Minuten bei 200 °C überbacken.

Tipp:
Blumenkohl immer mit dem Strunk nach unten garen. So wird der harte Strunk der Hitze stärker ausgesetzt als die feinen Röschen.

4.

Servieren Sie den Blumenkohl in der Auflaufform mit einigen Petersilienblättchen bestreut. Er ist eine leckere Beilage zur gefüllten Ente.

Kloster Maria Laach

1. Mose

Kap. 1, Vers 29

Gott sagte weiter: Seht, ich habe euch alle
samenbringenden Pflanzen gegeben,
die auf der Fläche der ganzen Erde sind,
und jeden Baum,
an dem samentragende
Baumfrucht ist;
sie seien euch zur Nahrung.

Die wohlschmeckenden Suppen sowie die deftigen Eintöpfe und Terrinen

Bohneneintopf

Für 4 Personen
Zubereitungszeit:
15 Minuten (ohne
Wartezeit)
Kochzeit: 2 Stunden

Einkaufsliste
400 g getrocknete
weiße Bohnen
1 Bund Suppengemüse
(Möhre, Sellerie, Lauch)
500 g Kartoffeln
1 Zwiebel
1 Bund Bohnenkraut
Salz
Pfeffer
250 g Speckwürfel
1 EL gehackte Petersilie

1.

Die Bohnen über Nacht in reichlich Wasser einweichen.

2.

Am Folgetag das Suppengemüse putzen, schälen, waschen und in kleine Stücke schneiden. Die Kartoffeln schälen waschen und in Würfel schneiden. Die Zwiebel pellen und würfeln.

3.

Die Bohnen in einem großen Topf in dem Einweichwasser zum Kochen bringen. Bei mittlerer Hitze und bei geschlossenem Deckel etwa 90 Minuten kochen lassen.

4.

Danach Kartoffeln, Gemüse, Zwiebel und Bohnenkraut dazugeben und weitere 30 Minuten köcheln lassen. Mit Salz und Pfeffer abschmecken.

5.

Die Speckwürfel ohne Zugabe von Fett in einer Pfanne anrösten. Den Eintopf in eine Suppenterrine füllen, den Speck unterrühren und mit der Petersilie garniert zu Tisch bringen.

Krautsuppe Benediktiner

1.

Den Weißkohl halbieren, den Strunk herausschneiden, den Kohl in feine Streifen schneiden und waschen. Mit Salz bestreuen und nach einer halben Stunde ausdrücken. Die Tomaten heiß überbrühen, häuten, das Kerngehäuse entfernen und das Fruchtfleisch in Stücke schneiden.

Für 4 Personen
Zubereitungszeit:
25 Minuten
(ohne Wartezeit)
Kochzeit: 20 Minuten

2.

In einem großen Topf das Butterschmalz zerlassen und das Kraut darin unter ständigem Rühren andünsten. Mit der Brühe ablöschen. Die Tomatenstücke dazugeben und mit Salz, Pfeffer und Muskatnuss würzen. Alles etwa 20 Minuten bei geringer Hitze köcheln lassen.

Einkaufsliste
1 mittelgroßer
Weißkohl (etwa 800 g)
Salz
500 g Tomaten
1 EL Butterschmalz
1½ L Gemüsebrühe
Schwarzer Pfeffer aus
der Mühle
Muskatnuss
1 EL Mehl
250 g saure Sahne

3.

Abschließend das Mehl mit der sauren Sahne vermischen, in die Suppe geben und verrühren. Die Krautsuppe in eine Suppenterrine füllen und heiß servieren.

Brotsuppe

Für 4 Personen
Zubereitungszeit:
10 Minuten
Kochzeit: 5 Minuten

Einkaufsliste
4 Schalotten
2 EL Butterschmalz
Salz
Pfeffer
400 g Graubrot (nicht
zu frisch)
1 Knoblauchzehe
1 L Fleischbrühe
1 EL Schnitt-
lauchröllchen

1.

Die Schalotten schälen und in feine Ringe schneiden. Die Hälfte vom Butterschmalz in einer Pfanne erhitzen, die Zwiebelringe darin weich dünsten, aber nicht bräunen, und mit Salz und Pfeffer würzen.

2.

Das Brot in Würfel schneiden, den Knoblauch pellen und durch die Knoblauchpresse pressen. Die Brotwürfel im restlichen heißen Butterschmalz goldbraun braten, den Knoblauch dazugeben und unterrühren. Die Fleischbrühe erhitzen.

3.

Die Zwiebelringe in Suppentassen portionieren, die Brotwürfel darüber verteilen und mit der heißen Fleischbrühe übergießen. Mit Schnittlauchröllchen garniert servieren.

Tipp:
Schnell und einfach gelingt diese Suppe mit Instant-Fleischbrühe. Ungleich besser schmeckt sie allerdings, wenn Sie die Fleischbrühe aus frischen Zutaten selbst herstellen.

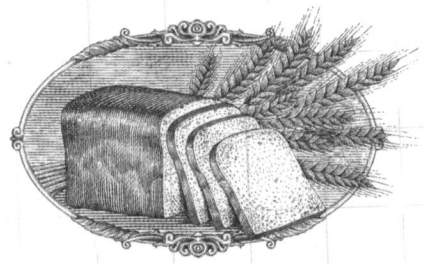

Erbsensuppe

1.

Die Erbsen über Nacht in reichlich Wasser einweichen.

2.

Am Folgetag die Lauchstange von den äußeren Blättern befreien, in kleine Ringe schneiden, waschen und abtropfen lassen. Sellerie, Möhre und Kartoffeln schälen, waschen und in kleine Würfel schneiden. Die Zwiebel pellen und würfeln.

3.

Die Erbsen mit dem Einweichwasser in einen Topf füllen und zum Kochen bringen, ggf. noch etwas Wasser dazugeben, damit etwa zwei Liter Flüssigkeit entstehen kann. Die Erbsen bei geschlossenem Deckel und mittlerer Hitze etwa 60 Minuten köcheln lassen.

4.

Das Gemüse dazugeben und weitere 30 Minuten garen lassen. Mit Salz und Pfeffer würzen. Die Erbsensuppe in eine Suppenterrine füllen und mit der Petersilie bestreut zu Tisch bringen.

Für 4 Personen
Zubereitungszeit:
25 Minuten
(ohne Wartezeit)
Kochzeit: 90 Minuten

Einkaufsliste
300 g gelbe Erbsen
1 Lauchstange
½ Sellerieknolle
1 Möhre
4 Kartoffeln
1 Zwiebel
Salz
Pfeffer
1 EL Petersilie

Gemüsesuppe mit Weißkohl

Für 4 Personen
Zubereitungszeit:
25 Minuten
Kochzeit: 25-30
Minuten

Einkaufsliste
1 kleiner Weißkohl
jeweils 1 rote und
grüne Paprikaschote
2 Tomaten
2 Möhren
½ Sellerieknolle
1 feingeschnittene
Zwiebel
1 EL Butterschmalz
Mehl
1½ L Gemüsebrühe
Salz
Pfeffer
¼ TL Kümmel

1.

Den Weißkohl halbieren, vom Strunk lösen und in feine Streifen schneiden, waschen und abtropfen lassen. Die Paprikaschoten waschen, halbieren, von Kerngehäuse und Strunk befreien und in nicht zu kleine Würfel schneiden. Die Tomaten heiß überbrühen, häuten, vierteln, dabei den grünen Stielansatz entfernen.

2.

Das Gemüse schälen, putzen und in nicht zu kleine Stücke schneiden. Die Zwiebel schälen und in Würfel schneiden.

3.

Das Gemüse (außer den Tomaten) in einem hohen Topf in heißem Butterschmalz anschwitzen, mit wenig Mehl bestäuben und mit der Gemüsebrühe aufgießen.

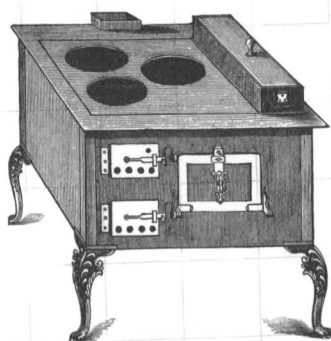

Gemüsesuppe mit Weißkohl

4.

Die Suppe bei mittlerer Hitze und geschlossenem Deckel etwa 25–30 Minuten köcheln lassen. Fünf Minuten vor Ende der Garzeit die Tomaten dazugeben und unterheben. Mit Salz, Pfeffer und Kümmel abschmecken.

5.

Die Gemüsesuppe in eine Suppenschüssel füllen und heiß zu Tisch bringen.

Tipp:
Diese herzhafte Suppe ist für kalorienbewusste Esser und Vegetarier eine hervorragende Mahlzeit. Von dieser Suppe können Sie so viel essen wie Sie mögen und nehmen trotzdem nicht an Gewicht zu.

Kartoffelsuppe mit frischen Kräutern

Für 4 Personen
Zubereitungszeit:
25 Minuten
Kochzeit:
25-30 Minuten

Einkaufsliste
800 g Kartoffeln
1 Zwiebel
30 g Butter
1 L Gemüsebrühe
Salz
Pfeffer
2 Bund gemischte
frische Kräuter
(Schnittlauch,
Petersilie, Kerbel,
Estragon)
250 ml saure Sahne

1.

Die Kartoffeln schälen, waschen und in kleine Würfel schneiden. Die Zwiebel schälen und ebenfalls in Würfel schneiden.

2.

In einem hohen Topf die Butter schmelzen und die Zwiebel darin glasig andünsten. Die Kartoffeln dazu geben und kurz anrösten. Mit der heißen Gemüsebrühe ablöschen, die Hitze reduzieren und bei geschlossenem Deckel etwa 25 Minuten leise köcheln lassen. Mit Salz und kräftig mit Pfeffer würzen.

3.

In dieser Zeit die Kräuter Ihrer Wahl waschen, gut trocken schleudern und fein hacken. Die Suppe von der Herdplatte ziehen, mit einer Schöpfkelle etwa ¼ der Kartoffelstücke aus der Suppe heben. Die restliche Suppe mit dem Stabmixer fein pürieren. Die Kartoffelstücke mit den Kräutern zurück in die Suppe geben, eventuell noch etwas Brühe dazugeben.

Kartoffelsuppe mit frischen Kräutern

4.

Die saure Sahne in die Suppe geben und gut verrühren. Abschließend mit Salz und Pfeffer abschmecken.

5.

Die Kartoffelsuppe mit frischen Kräutern in eine Suppenterrine füllen und mit heißen Würstchen servieren.

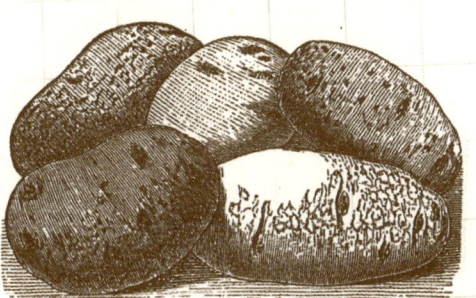

Tipp:

Bei einer Kartoffel - suppe kann man einfach nichts falsch machen.
Auch mit einer selbst gekochten Fleischbrühe und mit Fleisch als Einlage schmeckt diese Suppe sehr gut.

Ausschließlich mit ausgelassenen Speckwürfeln gekocht, ist die Kartoffelsuppe immer ein preiswerter Gaumenschmaus.

Info:

Die „Kartoffelsuppe" kann in der Klostergaststätte im Kloster Marienthal in Ostritz probiert werden.

Käseterrine

Für 4 Personen
Zubereitungszeit:
20 Minuten
Kochzeit: 10–15
Minuten

Einkaufsliste
2 Schalotten
2 EL Butter
1 EL Mehl
100 ml Weißwein
(halbtrocken)
500 ml Fleischbrühe
200 ml Sahne
300 g geriebener Käse
(z.B. Emmentaler,
Gouda, Parmesan etc.)
2 Scheiben Weißbrot
(altbacken)
1 EL Olivenöl
1 Eigelb
Salz
Pfeffer
1 EL Schnitt-
lauchröllchen

1.

Die Schalotten schälen und in feine Würfel schneiden. Die Butter in einem Topf erhitzen und die Schalotten-Würfel darin glasig andünsten. Das Mehl darüber stäuben und kurz anschwitzen. Mit dem Weißwein ablöschen, kräftig umrühren und mit der Fleischbrühe und der Sahne aufgießen.

2.

Das Ganze langsam zum Kochen bringen. Kurz aufkochen lassen, die Hitze reduzieren, den Käse portionsweise unterrühren und schmelzen lassen (die Suppe darf jetzt nicht mehr kochen).

3.

Das Weißbrot von der Rinde befreien und in Würfel schneiden. In einer Pfanne das Olivenöl erhitzen und die Brotwürfel darin goldgelb anrösten.

4.

Die Suppe von der Herdplatte ziehen, mit dem Eigelb legieren und vorsichtig mit Salz (je nach Art des Käses ist die Suppe schon salzig genug) und Pfeffer würzen.
In eine Suppenterrine füllen, die gerösteten Weißbrotwürfel darüber verteilen und mit den Schnittlauchröllchen garnieren.

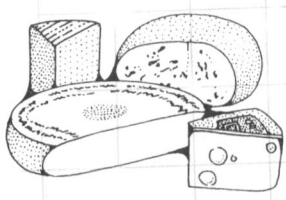

Kürbissuppe mit gebratenen Pilzen

1.

Das Kürbisfleisch in Stücke schneiden. Die Champignons mit einem weichen Bürstchen säubern, von den Stielenden befreien und in Scheiben schneiden. Schalotte und Knoblauch pellen und fein hacken.

2.

Zwei Esslöffel Butter im Topf erhitzen, Zwiebel und Knoblauch andünsten. Kürbis zugeben und mit Gemüsebrühe aufgießen, den Ingwer dazugeben und etwa 20 Minuten leise kochen lassen.

3.

In dieser Zeit die restliche Butter in einer Pfanne erhitzen und die Pilze darin kräftig anrösten. Mit Salz und Pfeffer würzen. Die Sahne mit dem Handmixer nicht ganz fest steif schlagen.

4.

Nach der Garzeit die Suppe pürieren und die Pilze dazugeben. Die Sahne unterheben und mit den Gewürzen abschmecken. Die Suppe in Suppentassen portionieren und mit Kürbiskernen und Petersilie garnieren.

Für 4 Personen
Zubereitungszeit:
25 Minuten
Kochzeit: 20 Minuten

Einkaufsliste
500 g Kürbisfleisch
(geschält gewogen)
200 g braune
Champignons
1 Schalotte
2 Knoblauchzehen
4 EL Butter
800 ml Gemüsebrühe
1 TL frischer, geriebener
Ingwer
Salz
Pfeffer
100 ml Schlagsahne
¼ TL Cayennepfeffer
1 Msp. Zimt
½ TL Zucker
2 EL Kürbiskerne
1 EL gehackte Petersilie

93

Kräftige Suppe mit Schweinefleisch

Einkaufsliste
1 kg Schweine-Eisbein
3 Zwiebeln
4 Knoblauchzehen
40 ml Apfelessig
Salz
6 Wacholderbeeren
6 Pfefferkörner
2 Lorbeerblätter
5 Korianderkörner
2 Möhren
½ Sellerieknolle
1 EL gehackter
Liebstöckel
1 EL gehackte Petersilie
150 g saure Sahne
1 EL Mehl
Salz
Pfeffer

1.

Das Fleisch unter fließendem Wasser waschen. Die Zwiebeln schälen und grob in Stücke schneiden. Knoblauch pellen und etwas klein schneiden.

2.

Das Fleisch in einem hohen Topf mit reichlich kaltem Wasser aufsetzen. Einmal aufkochen lassen, abgießen und kalt abschrecken. Erneut mit zwei Litern kochendem Salzwasser und Apfelessig aufsetzen. Wacholderbeeren, Pfefferkörner, Lorbeerblätter, Korianderkörner, Zwiebeln sowie Knoblauch zugeben und bei mittlerer Hitze so lange kochen (etwa 80 Minuten), bis sich das Fleisch leicht vom Knochen löst.

3.

In der Zwischenzeit das Gemüse putzen, waschen und fein reiben. Das Fleisch aus dem Topf heben und warm halten. Die Flüssigkeit durch ein Sieb gießen und mit dem Gemüse kurz aufkochen.

Kräftige Suppe mit Schweinefleisch

4.

Die saure Sahne mit wenig der heißen Brühe verrühren und in die Suppe geben. Mehl mit etwas Suppe glatt rühren und mit einem Schneebesen kräftig einrühren. Liebstöckel, Petersilie und Pfeffer dazugeben.

5.

Das Fleisch von den Knochen lösen, in mundgerechte Stücke schneiden und zurück in die Suppe geben. Die Suppe abschließend mit Salz und Pfeffer abschmecken, in eine Suppenschüssel füllen und heiß zu Tisch bringen.

Tipp:
Wenn Sie das recht fettreiche Fleisch von Eisbein nicht so gerne mögen, können Sie diese Suppe auch mit Rindfleisch zubereiten.

Leberknödelsuppe

Für 4 Personen
Zubereitungszeit:
40 Minuten
(ohne Wartezeit)
Kochzeit: 20 Minuten

Einkaufsliste
100 g Rinderleber
1 Zwiebel
4 EL Butter
2 Eier
8 EL Semmelbrösel
½ TL Salz
1 Bund Petersilie
1 TL getrockneter
Majoran
Muskatnuss
1 EL gehackte Petersilie
800 ml Fleischbrühe

1.

Die Leber waschen und von allen Häuten befreien. Die Zwiebel schälen und grob in Stücke schneiden. Beides in der Küchenmaschine fein pürieren.

2.

Die Butter mit den Eiern schaumig schlagen, mit Semmelbröseln und allen Gewürzen (etwas Petersilie beiseite stellen) vermischen. Die Lebermasse dazugeben und das Ganze zu einem festen Teig verarbeiten. Sollte der Teig zu flüssig sein, noch etwas Semmelbrösel dazugeben. Den Teig etwa 60 Minuten ruhen lassen.

3.

In einem weiten Topf Salzwasser zum Kochen bringen. Die Fleischbrühe erhitzen. Mit feuchten Händen aus dem Teig etwa walnussgroße Knödel formen und diese in das kochende Salzwasser geben. Die Hitze reduzieren und die Leberknödel etwa 15 Minuten ziehen lassen.

4.

Die Leberknödel aus dem Wasser heben, abtropfen lassen, auf Suppentassen verteilen und mit der heißen Fleischbrühe begießen. Mit der restlichen Petersilie garniert heiß servieren.

Ochsenmarksuppe

1.

Die Markknochen waschen. Das Mark herausdrücken und mit einem scharfen Messer fein hacken. Den Bratenaufschnitt fein würfeln. Den Parmesankäse reiben.

2.

Das Rindermark auf vier Suppentassen verteilen und mit den Bratenwürfeln bestreuen. Salzen, pfeffern und Piment darüber geben. Die Tassen gleichmäßig mit der Fleischbrühe auffüllen. Auf jede Tasse einen Esslöffel Semmelbrösel geben und mit reichlich Parmesan bestreuen. Im vorgeheizten Backofen 30 Minuten bei 180 °C überbacken.

3.

Servieren Sie die Ochsenmarksuppe mit Petersilienblättchen bestreut und reichen Sie dazu frisches Weißbrot.

Für 4 Personen
Zubereitungszeit:
40 Minuten
Backzeit: 30 Minuten

Einkaufsliste
4 Markknochen
200 g Kalbsbraten-
aufschnitt
Salz
Schwarzer Pfeffer aus
der Mühle
1 Msp. Piment
750 ml Fleischbrühe
4 EL Semmelbrösel
100 g Parmesankäse
Garnierung:
Petersilienblättchen

Maronensuppe

Für 4 Personen
Zubereitungszeit:
40 Minuten
Kochzeit: 10 Minuten

Einkaufsliste
750 g Esskastanien
(Maronen)
Salzwasser
40 g Semmelbrösel
1 L Rinderbrühe
200 ml Sahne
Salz
Pfeffer
gehackte Petersilie

Tipp:
Die Maronen als
Einlage schmecken
besonders gut, wenn
man sie nicht kocht
sondern röstet.
Die ideale Garzeit liegt
im 200 °C heißen
Backofen bei etwa
10 Minuten.

1.

Die Kastanien mit einem spitzen Messer an der flachen Seite einschneiden. Für einige Minuten in kochendem Wasser köcheln lassen, abgießen und sofort schälen.

2.

Die geschälten Maronen in Salzwasser weich kochen, abgießen und acht Kastanien als Einlage beiseite legen. Die übrigen Kastanien in der Küchenmaschine fein pürieren und mit den Semmelbröseln verrühren.

3.

Das Kastanienpüree mit so viel heißer Rinderbrühe aufgießen, dass eine sämige, nicht zu dicke Suppe entsteht. Das Ganze einmal kurz aufkochen lassen. Die Hitze reduzieren, die Sahne dazugeben und mit Salz und Pfeffer würzen.

4.

Vor dem Servieren die Maronensuppe etwas mit dem Stabmixer schaumig aufschlagen. Die übrigen ganzen Maronen auf Suppentassen verteilen und mit der heißen Maronensuppe auffüllen. Mit etwas Petersilie bestreut servieren.

Knoblauchsuppe

1.

Das Weißbrot in kleine Würfel schneiden und in der Butter goldbraun anrösten. Die Knoblauchzehen pellen und durch die Knoblauchpresse drücken. Schnittlauch waschen, trocken schütteln
und in Röllchen schneiden.

2.

Das Mehl in einem Topf mit heißem Butterschmalz kurz anrösten, den Knoblauch dazugeben und die Fleischbrühe zugießen.
Kurz aufkochen lassen und mit Salz und Pfeffer würzen. Die
Milch dazugeben und alles bei geringer Hitze etwa 30 Minuten
ziehen lassen.

3.

Anschließend mit Sahne verfeinern und nochmals mit Pfeffer
abschmecken. Die Weißbrotwürfel im Öl leicht anrösten.

4.

Die Knoblauchsuppe in Suppentassen füllen
und mit den Brotwürfeln und den
Schnittlauchröllchen bestreut servieren.

Für 4 Personen
Zubereitungszeit:
15 Minuten
Kochzeit: 30 Minuten

Einkaufsliste
2 Scheiben Weißbrot
1 EL Butter
5 Knoblauchzehen
1 Bund Schnittlauch
4 EL Mehl
1 EL Butterschmalz
750 ml Fleischbrühe
Salz
Weißer Pfeffer aus der
Mühle
250 ml Milch
4 EL Schlagsahne
2 EL Öl

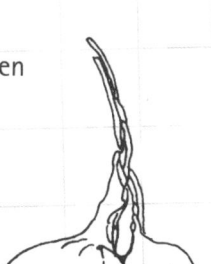

Suppe aus frischen Pastinaken

Für 4 Personen
Zubereitungszeit:
25 Minuten
Kochzeit: 35 Minuten

Einkaufsliste
600 g Pastinaken
½ Knollensellerie
2 Schalotten
1 EL Puderzucker
100 ml Weißwein
1 ½ L Gemüsebrühe
2 EL Butter
Saft einer halben
Zitrone
½ TL Koriander
(gestoßen)
Salz
Pfeffer
2 EL Sauerrahm

1.

Die Pastinaken und den Sellerie waschen, schälen und in kleine Stücke schneiden. Die Schalotten schälen und in kleine Würfel schneiden.

2.

In einem Topf den Puderzucker leicht karamellisieren, das Gemüse und die Schalotten darin anschwitzen und mit Weißwein aufgießen, kurz aufkochen lassen. Die heiße Gemüsebrühe, Butter, Zitronensaft, Koriander, Salz und Pfeffer dazu geben und verrühren. Die Suppe etwa 35 Minuten bei mittlerer Hitze kochen lassen.

3.

Den Sauerrahm hinzufügen und mit dem Stabmixer pürieren. Eventuell noch etwas Brühe nachgießen und ggf. nachwürzen.
Die Suppe in tiefe Teller füllen und heiß servieren.

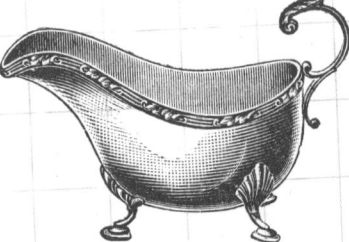

Kloster Thalbürgel

1. Korintherbrief
Kap. 10, Vers 31

Ob ihr nun esset oder trinkt,
was ihr auch tut,
das tut alles zu Gottes Ehre.

Die Versuchungen aus Süßspeisen, Desserts und Gebackenem

Apfelkuchen vom Blech

Für 4 Personen
Zubereitungszeit:
25 Minuten
Backzeit:
50–60 Minuten

Einkaufsliste
1 kg Äpfel
Saft einer Zitrone
300 g Butter
300 g Zucker
2 EL Vanillezucker
1 Prise Salz
5 Eier
300 g Mehl
½ Pkg. Backpulver
Schale von einer Zitrone
2 EL Aprikosen-marmelade

1.

Die Äpfel waschen, schälen, halbieren, vom Kerngehäuse befreien und die Apfelhälften in Scheiben schneiden. In einer Schüssel mit dem Zitronensaft beträufeln, damit sie nicht braun werden.

2.

Die zimmerwarme Butter mit Zucker, Vanillezucker und Salz mit dem Mixer schaumig rühren. Die Eier nach und nach dazu geben. Das Mehl mit dem Backpulver mischen und langsam unter die Masse geben. Die Zitronenschale unter den Teig rühren.

3.

Den Backofen auf 160 °C vorheizen. Das Backblech mit Backpapier auslegen und den Teig etwa 2 cm dick aufstreichen. Die Apfelscheiben dicht an dicht auf den Teig setzen. Im Back-ofen etwa 50–60 Minuten backen.

4.

Den Kuchen aus dem Backofen nehmen und abkühlen lassen. Die Aprikosenmarmelade in einem Topf erhitzen und über den Kuchen streichen. Den Kuchen in Stücke schneiden und mit Schlagsahne, Kaffee, Tee oder Kakao servieren.

Germknödel

1.

Das Mehl in eine Schüssel sieben. Die Milch etwas erwärmen, mit der zerbröselten Hefe und dem Zucker vermischen und über das Mehl geben. Salz, Eigelb und weiche Butter dazugeben und alles mit dem Handrührgerät zu einem glatten Teig verrühren. Zugedeckt etwa 45 Minuten an einem warmen Ort ruhen lassen. Das Pflaumenmus mit Rum und Zimt verrühren.

2.

Den Teig in 4–6 Portionen teilen. Je einen Teelöffel Pflaumenmus in die Mitte geben und mit feuchten Händen zu Knödeln formen. Nochmals etwa 20 Minuten gehen lassen.

3.

Die Knödel in einen großen Topf mit etwa zwei Liter siedendem Salzwasser (wenig Salz) geben und bei geringer Hitze etwa 8–10 Minuten garen. Die Germknödel mit dem Schaumlöffel aus dem Wasser heben, abtropfen lassen und auf Teller legen.

4.

Die Germknödel mit Mohn, Puderzucker und gebräunter Butter begießen und servieren.

Für 4 Personen
Zubereitungszeit:
20 Minuten
(ohne Wartezeit)
Kochzeit:
ca. 10 Minuten

Einkaufsliste
250 g Mehl
160 ml Milch
10 g Hefe (Germ)
10 g Zucker
Salz
1 Eigelb
30 g weiche Butter
100 g Pflaumenmus
1 TL Rum
1 Msp. Zimt
50 g gemahlener Mohn
60 g Puderzucker
60 g Butter

Apfelpfannkuchen

Einkaufsliste
160 g Mehl
1 Prise Salz
2 EL Zucker
1 Pckg. Vanillezucker
500 ml Milch
4 Eier
2 Äpfel (z.B. Boskop)
Öl zum Braten
1 TL Zimt-Zucker

1.

Das Mehl in eine Schüssel sieben und mit Milch, Salz, Zucker und Vanillezucker vermischen. Gründlich miteinander verrühren und etwa 15 Minuten quellen lassen. Die Eier dazu geben und alles zu einem glatten Teig verarbeiten.

2.

Die Äpfel waschen, halbieren, vom Kerngehäuse befreien und in nicht zu dicke Spalten schneiden.

3.

Das Öl in einer Pfanne erhitzen, jeweils ¼ des Teiges in die Pfanne geben, mit Apfelspalten belegen und etwa drei Minuten goldgelb backen. Den Pfannkuchen wenden und von der anderen Seite fertig backen. Weiter so verfahren bis der gesamte Teig aufgebraucht ist. Fertig gebackene Pfannkuchen warm stellen.

4.

Apfel-Pfannkuchen mit auf Teller setzten und mit Zimt-Zucker bestreut servieren.

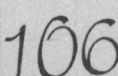

Mohnnudeln

1.

Die Kartoffeln waschen und mit der Schale kochen. Abgießen, noch heiß pellen, durch die Kartoffelpresse drücken und erkalten lassen. Die Masse in eine Rührschüssel geben und mit Salz, Mehl, Grieß, Butter, Eigelb und Zitronenschale zu einem glatten Teig verkneten. Zugedeckt etwa 30 Minuten ruhen lassen.

2.

In einem großen Topf reichlich leicht gesalzenes Wasser zum Kochen bringen.

3.

In der Zwischenzeit den Teig zu einer dicken Rolle formen. Davon haselnussgroße Stücke abschneiden und daraus etwa 8 cm lange, spitz zulaufende Nudeln formen. Die Nudeln ins Wasser geben und bei geringer Hitze etwa acht Minuten garen.

4.

Die Butter in einer Pfanne erhitzen und den Mohn darin leicht anrösten. Die Nudeln mit dem Schaumlöffel aus dem Wasser heben, gut abtropfen lassen und in der Mohnbutter wälzen.

5.

Die Mohn-Nudeln vor dem Servieren mit Puderzucker bestreuen.

Für 4 Personen
Zubereitungszeit:
40 Minuten
(ohne Wartezeit)
Kochzeit: 30 Minuten

Einkaufsliste
400 g mehlig kochende
Kartoffeln
Salz
120 g Mehl
30 g feiner Grieß
30 g Butter
2 Eigelb
etwas abgeriebene
Schale von 1·unbehan-
delten Zitrone
Mehl
60 g Butter
120 g gemahlener
Mohn
4 EL Puderzucker

Bratäpfel

Für 4 Personen
Zubereitungszeit:
20 Minuten
Backzeit: 15 Minuten

Einkaufsliste
4 Äpfel
1 EL Butter
125 ml Schlagsahne
1 EL Vanille Sahne

Tipp:
Dieses etwas einfache
Rezept können Sie auf-
werten, indem Sie die
ausgehöhlten Äpfel z.B.
mit Marzipan,
Rosinen, Nougat,
Mandeln füllen.

1.

Die Äpfel waschen und mit einem Ausstecher das Kerngehäuse
entfernen. Den Backofen auf 220 °C vorheizen.

2.

Die Äpfel auf ein Backblech setzten und die Butter als Flöckchen
auf die Aushöhlungen verteilen. Im Backofen etwa 15 Minuten
garen lassen. In dieser Zeit die Schlagsahne mit Vanillezucker
steif schlagen.

3.

Die Bratäpfel auf Dessertteller setzen und zusammen mit der
Sahne servieren.

Butterkuchen

1.

Aus Mehl, Trockenhefe, Zucker, Milch und Butter einen glatten Teig herstellen. Diesen Teig abgedeckt an einem warmen Ort etwa 20 Minuten ruhen lassen. Danach noch einmal durchkneten und auf einem, mit Butter eingefetteten Backblech ausrollen. Den Backofen auf 200 °C vorheizen.

2.

Die saure Sahne auf dem Teig verstreichen und über den Teig verteilt kleine Mulden drücken. Da hinein 100 g Butter verteilen. Mandeln, Zucker, Zimt und Vanillezucker vermischen und über den Teig verteilen. Im Backofen etwa 30–40 Minuten backen lassen.

3.

Nach Hälfte der Backzeit erneut kleine Mulden in den Kuchen drücken und die restliche eiskalte Butter als Flöckchen hinein-geben. Den Kuchen aus dem Backofen nehmen, erkalten lassen und in Stücke schneiden. Mit frisch aufgeschlagener Sahne servieren.

Für 4 Personen
Zubereitungszeit:
15 Minuten
Backzeit: 30–40
Minuten

Einkaufsliste
500 g Mehl
1 Pckg. Trockenhefe
100 g Zucker
200 ml lauwarme
Milch
100 g Butter
Fett zum Einfetten
Für den Belag:
200 g saure Sahne
150 g Butter
200 g Mandelblättchen
125 g Zucker
½ TL Zimt
2 Pckg. Vanillezucker

Dinkelbier-Nachspeise

Für 4 Personen
Zubereitungszeit:
20 Minuten
(ohne Wartezeit)

Einkaufsliste
200 g Puderzucker
5 Eigelbe
750 ml Sahne
6 EL Dinkelbier
100 g Dinkelschrot

1.

Die Eigelbe in einer Schüssel mit dem Puderzucker verrühren und in heißem Wasserbad aufschlagen, bis eine cremige Masse entsteht.

2.

Die Creme im Eiswasserbad kalt schlagen. Das Bier mit dem Schneebesen schaumig schlagen. Die Sahne mit einer Prise Zucker steif schlagen und unter den Bierschaum rühren.

3.

Die angefrorene Dinkelbier-Nachspeise aus den Förmchen nehmen und in Scheiben schneiden. Auf Desserttellern verteilen und mit Sahne oder Vanillesoße servieren.

Tipp:
Das Wasserbad darf nicht kochen, da sonst die Eier flocken und das Gericht nicht gelingt.

Klosterkuchen

1.

Die Eier trennen. Das Eiweiß in einer Schüssel mit dem Handmixer steif schlagen. Die Butter mit Zucker schaumig schlagen, die Eigelbe nach und nach dazu rühren.

2.

Zitronenschale, Zimt, Haselnüsse, Semmelbrösel und Schokolade mischen und langsam mit dem Teig vermischen. Den Eischnee sorgfältig unterheben. Den Backofen auf 170 °C vorheizen.

3.

Eine Kastenform (28 cm) mit der Butter einfetten, den Teig hineingeben und glatt streichen. Für etwa 60 Minuten backen lassen. Den Kuchen aus dem Ofen nehmen und noch warm aus der Form stürzen. Auf eine Kuchenplatte setzen und erkalten lassen. Nach dem Abkühlen mit Puderzucker bestreut servieren.

Für 4 Personen
Zubereitungszeit:
15 Minuten
Backzeit: 60 Minuten

Einkaufsliste
6 Eier
1 Prise Salz
200 g Butter
200 g Zucker
Abrieb einer ½ Zitrone
½ TL Zimt
200 g Haselnüsse
60 g Semmelbrösel
240 g Schokolade (grob gehackt)
Butter zum Einfetten der Kuchenform
Puderzucker

Mohnkuchen

Für 4 Personen
Zubereitungszeit:
25 Minuten
(ohne Wartezeit)
Backzeit: 45 Minuten

Einkaufsliste
500 g Mehl
1 Pckg. Trockenhefe
100 g Zucker
200 ml lauwarme
Milch
100 g Butter
Butter zum Einfetten
des Backbleches
Für den Belag:
1 L Milch
2 EL Butter
200 g Grieß
375 g gemahlener
Mohn
100 g Rosinen
200 g Zucker
1 Ei
100 g Zitronat
100 g gehackte
Mandeln

1.

Aus Mehl, Hefe, Zucker, Milch und Butter einen glatten Teig herstellen. Abgedeckt etwa 20 Minuten an einem warmen Ort stehen lassen. Den Teig erneut durchkneten und auf einem eingefetteten Backblech ausrollen. Erneut 30 Minuten ruhen lassen.

2.

In dieser Zeit den Belag herstellen. Dazu Milch und Butter in einem Topf aufkochen. Grieß einrühren und Mohn und Rosinen dazugeben. Den Topf von der Herdplatte ziehen und 10 Minuten quellen lassen. Dabei hin und wieder umrühren. Den Backofen auf 190 °C vorheizen.

3.

Anschließend Zucker, Ei, Zitronat und Mandeln unterrühren, sodass eine gleichmäßige Masse entsteht. Diese Masse auf dem Hefeteig verteilen und glatt streichen. Im Backofen etwa 45 Minuten backen lassen.

4.

Aus dem Backofen nehmen, erkalten lassen, in Stücke schneiden und mit frisch geschlagener Sahne servieren.

Pflaumenkuchen

1.

Aus den Zutaten für den Teig einen Hefeteig herstellen.
Abgedeckt an einem warmen Ort 15 Minuten stehen lassen.

2.

In der Zwischenzeit die Pflaumen waschen, abtropfen lassen und
mit einem spitzen Messer längs auf-, aber nicht durchschneiden.
Den Kern entfernen. Die Pflaumen auseinanderklappen und noch
einmal fächerförmig einschneiden.

Einkaufsliste
Für den Teig:
500 g Mehl
1 Pckg. Trockenhefe
100 g Zucker
250 g lauwarme Milch
80 g Butter
1 Prise Salz
1 Ei

3.

Das Backblech mit der Butter einfetten und den Backofen auf
180 °C vorheizen. Den Teig kräftig durchkneten, auf dem
Backblech ausrollen und mit den Pflaumen dicht an dicht belegen. Im Backofen etwa 45 Minuten backen lassen.

Für den Belag:
1½ kg Pflaumen
(Zwetschgen)
Butter zum Einfetten
der Form
2 EL Zucker
Zimt

4.

Den Pflaumenkuchen aus dem Ofen
nehmen und abkühlen lassen. Vor dem Servieren mit Zucker und
Zimt bestreuen, in Stücke schneiden und mit frischer
Schlagsahne servieren.

Rote Grütze

Für 4 Personen
Zubereitungszeit:
15 Minuten
(ohne Wartezeit)
Backzeit: 20 Minuten

Einkaufsliste
300 g Himbeeren
300 g Johannisbeeren
150 g Zucker
80 g Grieß
Saft einer ½ Zitrone

Tipp:
Die Grütze lässt sich
auch mit anderen roten
Obstsorten (Kirschen,
Erdbeeren, Johannis-
beeren) zubereiten.

1.

Das Obst gründlich waschen, verlesen und abtropfen lassen. Die Früchte in einem Topf langsam zum Kochen bringen, durch ein Sieb gießen, den Saft auffangen und die Früchte beiseite stellen.

2.

Den Saft zurück in den Topf geben und mit dem Zucker aufkochen, den Grieß dazu geben und unter ständigem Rühren aufquellen lassen. Das Ganze mit dem Zitronensaft verfeinern, mit dem beiseite gestellten Obst verrühren und in eine mit kaltem Wasser ausgespülte Glasschüssel füllen. Im Kühlschrank kühlen lassen.

3.

Die Rote Grütze in kleine Dessertschalen füllen und mit Vanillesoße servieren.

Süßer Brotauflauf

1.

Die Brotbrösel in Wein einweichen, etwas quellen lassen. Die Masse soll nicht zu flüssig werden. Ggf. mehr oder weniger Flüssigkeit oder Brot dazugeben.

2.

Die Butter mit dem Zucker schaumig schlagen. Die Eier nach und nach dazugeben. Backpulver, Vanillezucker und Lebkuchengewürz gut mit der Masse vermischen.

3.

Diesen Teig mit den eingeweichten Brotbröseln gut verrühren und in eine Auflaufform füllen. Im Backofen bei 180 °C etwa 30 Minuten backen. Den Auflauf noch warm auf Desserttellern anrichten und mit Vanillesoße oder Kompott reichen.

Für 4 Personen
Zubereitungszeit:
10 Minuten
(ohne Wartezeit)
Backzeit: 30 Minuten

Einkaufsliste
500 g Brotbrösel
(Schwarzbrot oder
Vollkornbrot, auch
gemischt)
¼ L Wein (oder
Traubensaft)
250 g Butter
250 g Zucker
8 Eier
1 Pckg. Backpulver
1 Pckg. Vanillezucker
1 Pckg. Lebkuchen-
gewürz

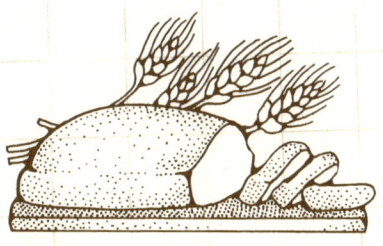

Hefewaffeln mit Apfelmus

Für 6–8 Waffeln
Zubereitungszeit:
25 Minuten (ohne
Wartezeit)
Backzeit: pro Waffel ca.
3–5 Minuten

Info:

Schon früh suchte
man in den Klöstern
während der Fastenzeit
Trost angesichts des
Verbots, Fleisch zu
verzehren. Teig- und
Mehlspeisen waren
erlaubt. So kam es zu
den vielfältigsten
Kreationen von
Süßspeisen.

1.

10 Minuten vor Backbeginn das Waffeleisen vorheizen. Die Äpfel schälen und mit Zitronensaft beträufeln.

2.

Das Mehl in eine Schüssel sieben. In die Mitte eine Mulde drücken und die zerbröselte Hefe und den Zucker hineingeben. Etwas von der Milch angießen und ein wenig Mehl darüber streuen. Diesen Vorteig abgedeckt an einem warmen Ort etwa 40 Minuten gehen lassen.

3.

Nach und nach die restlichen Zutaten für den Teig mit dem Handrührer einarbeiten, bis der Teig sich von der Schüsselwand löst. Den Teig in der Schüssel wieder abdecken und nochmals 40 Minuten gehen lassen.

4.

Der Teig hat sich nun verdoppelt und muss noch einmal kräftig gerührt werden. Das vorgeheizte Waffeleisen mit ein wenig Fett ausreiben, die Teigmenge für eine Waffel einfüllen und wie gewohnt goldgelb backen.

Hefewaffeln mit Apfelmus

5.

Die geschälten Äpfel in einen Topf geben, Zucker und vier Esslöffel Wasser hinzufügen und bei kleiner Hitze schmelzen lassen. Calvados hinzufügen, noch einmal aufkochen lassen und das Apfelmus in eine Glasschale füllen.

6.

Servieren Sie die Waffeln mit Puderzucker bestreut und reichen Sie das Apfelmus dazu.

Für den Teig

250 g Mehl
15 g frische Hefe
4 EL Zucker
120 ml lauwarme Milch
100 g weiche Butter
1 Prise Salz
2 Eier
Abgeriebene Schale einer halben unbehandelten Zitrone
Fett für das Waffeleisen

Für das Apfelmus

500 g Äpfel
3 EL Zitronensaft
4 EL Zucker
2 cl Calvados
Puderzucker

Torte nach Passauer Art

Für 10–12 Stücke
Zubereitungszeit:
50 Minuten
(ohne Wartezeit)
Backzeit: 30 Minuten

1.

Das Mehl sieben und mit Backpulver vermischen. Zucker und Vanillinzucker vermischen. Himbeermarmelade erhitzen und durch ein Sieb streichen. Den Himbeergeist zufügen und gut verrühren. Eine Springform (28 cm) bereitstellen.

2.

Das Mehl mit Mandeln, Haselnüssen, Zucker, Zimt, gemahlenen Nelken und Salz vermischen. Die Mischung auf eine Arbeitsfläche geben und eine Mulde in die Mitte drücken. Das Ei und das Bittermandelöl in die Mulde geben, die kalte Butter in Flöckchen auf den Rand geben und alles rasch zu einem glatten Teig verkneten.

3.

Den Teig zu einer Kugel formen und in Klarsichtfolie gewickelt eine Stunde in den Kühlschrank legen.

4.

Den Backofen auf 200 °C vorheizen und die Springform mit Butter ausfetten.

Torte nach Passauer Art

Einkaufsliste
250 g Mehl
1 Pckg. Backpulver
150 g Zucker
1 Pckg. Vanillinzucker
250 g Himbeer-
marmelade
2 cl Himbeergeist
125 g gemahlene
Mandeln
125 g gemahlene
Haselnüsse
1 TL gemahlener Zimt
2 Msp. gemahlene
Nelken
1 Prise Salz
1 Ei
2 Tropfen
Bittermandelöl
250 g eiskalte Butter
Butter für die
Springform
Sahnetupfen

5.

Den Teig auf der bemehlten Arbeitsfläche nochmals durchkneten. Zwei Drittel des Teiges in Größe der Springform zwischen zwei Stücken Klarsichtfolie ausrollen. Den Teigboden in die Form legen und mit der Himbeermarmelade bestreichen.

6.

Den restlichen Teig nochmals halbieren. Die eine Hälfte zu einer Rolle formen, einen Tortenrand formen, an den Springformrand legen und festdrücken. Die andere Hälfte dünn ausrollen und mit dem Teigrädchen zu 2 cm breiten Streifen ausrädeln. Den Tortenboden damit gitterförmig belegen.

7.

Die Torte auf die mittlere Einschubleiste in den vorgeheizten Backofen schieben und 30 Minuten backen.

Verzieren Sie die Torte vor dem Servieren mit kleinen Sahnetupfen.

Kloster Kipfel

Einkaufsliste
210 g glattes Mehl
140 g gemahlene
Walnüsse
160 g Butter
25 g geriebene
Kochschokolade
50 g Puderzucker
2 Eigelb
Kokosraspel
zum Bestreuen
Für die Glasur:
100 g Kochschokolade
30–50 g Hartfett

1.

Das Mehl mit den Walnüssen und der Butter zu einem glatten Teig vermischen, in eine Folie packen und 2 Stunden, oder noch besser einen Tag, im Kühlschrank ruhen lassen.

2.

Aus diesem Teig kleine Kipfeln formen, auf ein mit Backpapier belegtes Backblech legen und bei 180 °C ca. 8–10 Minuten backen, bis sie eine rosa Farbe bekommen. Die Kipfel dann einen Tag abkühlen lassen

3.

Für die Schokoladenglasur das Fett und die Schokolade im Wasserbad zerschmelzen lassen und gut vermischen.

4.

Am nächsten Tag die Kipfel von der oberen Seite in Schokoladenglasur eintunken und mit Kokosraspeln bestreuen.

Kräuter aus dem Klostergarten

In den Klostergärten wurden ursprünglich Pflanzen und Kräuter zu Heilzwecken angebaut. Das reichhaltige Wissen der Mönche und Nonnen und deren Erfahrungen über die Wirkungen der einzelnen Heilpflanzen finden auch heute noch Anwendung in der homöopathischen Medizin. Auf den folgenden Seiten finden Sie einige Kräuterbeschreibungen, ihre Bedeutung in der Heilkunde und ihre Verwendung als schmackhafte Gewürze in der Klosterküche.

∗ Basilikum – *Ocimum basilicum*
Die einjährige Pflanze ist leider sehr kälteempfindlich. Sie sollte nicht vor Mai in den Garten gepflanzt werden. Ihr aromatischer Geschmack verleiht vielen Gerichten der Klosterküche eine ganz besondere Note.

∗ Beifuß – *Artemisia vulgaris*
Dieses Würzkraut wird auch Gänsekraut genannt, denn es macht den fetten Gänsebraten und üppiges Essen bekömmlicher. Beifuß wächst überall in unseren Breiten an Wiesen- und Wegrändern. Es würzt auch Ente, Schwein und Hammel und passt wunderbar in Kohl- und Kartoffelgerichte.

∗ Borretsch – *Borago officinalis*
Diese kleine, häufig auch Gurkenkraut genannte Pflanze stammt ursprünglich aus dem Mittleren Osten. Die frischen, mineralstoffreichen Blätter verfeinern Salate und Suppen. Bereits in der Klosterheilkunde wurde aus den getrockneten Pflanzen Tee hergestellt, der blutreinigend und schleimlösend wirkt.

∗ Bohnenkraut – *Satureja hortensis*
Dieses würzige Kraut kann bis zum Winterbeginn ständig geerntet werden. Eingefroren oder getrocknet behält es sein feines Aroma. Es verfeinert viele Eintopfgerichte und macht Hülsenfrüchte besser verdaulich. Der aus den Trieben gepresste Saft wirkt blutreinigend und harntreibend.

* Dill – *Anethum graveolens*

Mit Dill würzt man Salate, Quark-, Fisch- und Fleischspeisen und verwendet ihn zum Einlegen von Gurken. Er soll die Abwehrkräfte steigern und bei Magenverstimmungen lindernd wirken.

* Engelwurz – *Angelica officinalis*

Die Blätter werden wie Petersilie verwendet. Der Pflanzenstängel wird kandiert und findet in Backwaren seine Verwendung. Diese Staude galt im Mittelalter als Heilmittel gegen Pest und bösen Zauber.

* Estragon – *Artemisia dracunculus*

Estragon ist ein sehr aromatisches Kraut, das mit Wermut verwandt ist. Mit Estragonblättern würzt man Sauce Bèrnaise, Hollandaise, Poulet à l'estragon, Kräuterbutter, Suppen, Fisch- und Wildgerichte sowie Salate. Er verleiht Essig eine besondere Note. Die Blätter sind zudem harntreibend und fördern die Verdauung.

* Fenchel – *Foeniculum vulgare*

Die Blätter können in Salaten und Füllungen verwendet werden, die Knollen werden als Gemüse zubereitet. In der provenzalischen Klosterküche werden Barben und Brassen oft auf einem Bett aus getrockneten Fenchelstängeln zubereitet. Die Samen haben einen ausgeprägten Lakritzgeschmack.

* Hopfen – *Humulus lupulus*

Bekannt und beliebt bei den Mönchen als Bierwürze sind die Hopfenblüten. Die jungen Triebe werden als Gemüse verwendet und können auch als Salat angerichtet werden. Wegen der entspannenden Wirkung wurden in den Klöstern Kopfkissen mit Hopfen ausgestopft und Hopfentee getrunken.

* Kamille – *Anthemis nobilis*

Eine den Gänseblümchen ähnliche Pflanze. Aus den getrockneten Blättern und Blüten bereitet man den Kamillentee zu. Der hat eine entspannende Wirkung bei Magen- und Darmbeschwerden.

* Kapuzinerkresse – *Tropaeolum majus*

Die nach Pfeffer schmeckenden Blätter finden in Salaten ihre Bestimmung. Die Samenhülsen kann man in einer Salzlake einlegen und wie Kapern verwenden.

* **Kerbel** – *Anthriscus cerefolium*

Mit Kerbel verfeinert man Salate, Quark, Kräuterbutter und Eiergerichte. Kerbel kann gefroren gelagert werden. Getrocknet verliert sich sein Aroma.

* **Koriander** – *Coriandrum sativum*

Koriander wurde in den Klöstern nicht nur als Gewürz genutzt. Seine Früchte wirken leicht krampflösend und blähungstreibend. Er lindert Völlegefühl und regt den Appetit an.

* **Liebstöckel** – *Levisticum officinale*

Liebstöckel ist eine große, sellerieartige Pflanze. Man verwendet die ganze Pflanze. Stängel und Wurzel können wie Sellerie verwendet werden. Blätter, Wurzeln und Samen können in Salaten, Suppen und Soßen eingesetzt werden.

* **Majoran** – *Origanum majorana*

Der Majoran wird zum Verfeinern von Fleischgerichten und Salaten benutzt. Man sagt ihm eine blutreinigende Wirkung nach. Seine ätherischen Öle wirken sich positiv und stärkend auf das Nervensystem aus. Hildegard von Bingen beschrieb den Majoran als das am stärksten wirkende beruhigende Kraut. Majoran fand reichlich Anwendung in der Klosterküche des Mittelalters.

* **Oregano** – *Origanum vulgare*

Dieses aromatische Kraut ist den meisten als Pizzagewürz bekannt und wird auch zum Würzen von pikanten Fleischgerichten und Salaten benutzt. In der Klosterheilkunde wurde das Kraut unter anderem gegen Verstopfung eingesetzt.

* **Petersilie** – *Petroselinum crispum*

Petersilie gibt es als glatte und krause Pflanze. Der zweijährigen Pflanze werden Abwehr steigernde Kräfte nachgesagt. Sie gilt als Wohltat für Herz und Blase. Die Wurzeln sollten stets feucht, aber nicht nass gehalten werden. Petersilie würzt Soßen, Salate und passt gut zu Fisch.

* **Pfefferminze** – *Mentha x piperita*

Pfefferminze ist in ganz Europa verbreitet. Der Einsatz der Pflanze reicht von der Küche bis in den medizinischen Bereich.

* **Pimpinelle** – *Pimpinella saxifraga*

Die Pimpinelle ähnelt in ihrem Geschmack sehr stark dem Borretsch und kann genau wie dieser eingesetzt werden. Die frischen, mineralstoffreichen Blätter verfeinern Salate und Suppen. Die jungen Blätter schmecken frisch am besten.

* **Rosmarin** – *Rosmarinus officinalis*

Die harten, spitzen, nadelförmigen Blätter enthalten Kampferöl und werden zum Würzen von Lammfleisch, Geflügel und Wild verwendet. Schon in den Kloster-Kellerreien war er Bestandteil von Kräuterwein oder Schnaps. So soll Rosmarin gegen Gallen-, Magen- und Darmbeschwerden helfen.

* **Salbei** – *Salvia officinalis*

Salbei lässt sich vielseitig einsetzen. Getrocknet in kleinen Duftkissen reinigt er die Luft. Er ist antiseptisch und wirkt laxierend. In der Klosterheilkunde wurde er als Allheilmittel zur Entzündungs- und Wundheilung eingesetzt. Als Teeaufguss lindert er Husten und Heiserkeit. In vielen Speisen der Klosterküche ist er ein enormer Geschmacksträger.

* **Schnittlauch** – *Allium schoenoprasum*

Die schlanken feinen Stängel werden in Salaten, Soßen, Rühreiern und Omelettes fein gehackt verwendet. Schnittlauch ist Vitamin-C-haltig und wirkt laxierend.

* **Thymian** – *Thymus vulgaris*

Der Thymian ist eines der populärsten und berühmtesten Gartenkräuter. Die Staude mit den olivgrünen, schmalen Blättern steigert beim Menschen die Abwehrkräfte und bringt Linderung bei Husten und Heiserkeit. Sein Duft wirkt auf viele Insekten abschreckend und hält ihr Aufkommen im Garten unter Kontrolle. In der Klosterküche ist er vielseitig einsetzbar.

* **Zitronenmelisse** – *Melissa officinalis*

Ihren Namen verdankt die Staude dem intensiven Zitronenduft ihrer Blätter. Diese Staude gehört zu den Pflanzen, die das Immunsystem stärken. Zusätzlich wirken ihre Inhaltsstoffe beruhigend und ausgleichend. Zitronenmelisse ist ein wahrer Muntermacher. Zwischen den Händen zerrieben, belebt sie mit ihrem Duft Geist und Körper.

Register

Bildnachweis

Image-direkt:
Seite 11, 21, 25, 101

Jim Harter, Dover, Plants:
Seite 26 o.r., 46 u., 52. u., 55 u., 57 u.r., 60 u., 61 u., 68 u., 75 u., 76 u., 79 u., 84 u., 85 u., 89 u., 91

Gemeinfrei:
Seite 59, 73, 121, Umschlagmotiv

Bruno Hof:
Seite 81

Marco-Barnebeck-Telemarco_pixelio.de
Seite 101

Alle anderen Bilder aus
dem Dover Bildarchiv